EXLIBRIS
中国当代藏书票丛书出版纪念

1/260. X,   许惠成 2022.6

书中蝴蝶

中国当代藏书票

多少楼台烟雨中 古典雅韵——

沈泓 著

金城出版社
GOLD WALL PRESS

天津教育出版社

前　言

　　藏书票是贴在书的扉页或夹在书中表明藏书主人的标识，如用一句更简洁的话表述，藏书票就是代表藏书主人的标识。

　　艺术家通常采用木版、铜版、丝网版、石版等版画形式，创作各种美术图案的藏书票，署上"某某藏书""某某之书""某某爱书""某某珍藏"等字样，并印上国际通用的藏书票标志"Ex Libris"。作为小版画或微型版画，藏书票以其小巧玲珑、精美雅致的艺术性，被誉为"书中蝴蝶""纸上宝石""书中精灵""版画珍珠"等。

　　已故藏书票艺术大师杨可扬在《可扬藏书票》（上海人民美术出版社1994年版）一书中，从艺术家的角度概括藏书票："藏书票是外来的艺术形式，是实用与审美结合、图像与文字并重的一种特殊艺术品；同时，藏书票属于小版画或微型版画的范畴，幅面不大，但小而精，有自己灵活多样的形式，更有精深丰富的内涵，方寸之间天地广阔。它是供读书、爱书、藏书者使用的一种标志，也是书籍的一种美化装饰。"

　　杨可扬的这段话说明了藏书票的特点、形式和功能。

　　藏书票的构成有三个基本要素，一是图画，二是要有"Ex Libris"拉丁文标志，三是要有票主姓名，即"XX藏书""XX书票""XX的书"等。根据国际藏书票参展参赛要求，藏书票必须标明"Ex Libris"一词，有时还要标明"XX藏书"。

　　藏书票的功能是表明书的主人，在功能上，藏书票和古代藏书章一样，只不过藏书章是盖在书上，藏书票是粘贴在扉页或夹在书中。它们皆为藏书的标志，均表明藏书的主人。

藏书票从20世纪初在中国出现，20世纪80年代在中国兴起，20世纪末至今蓬勃发展，得到越来越多读书人的青睐，也受到众多藏家的追捧。

藏书票的收藏价值首先是由其艺术价值决定的，每一张藏书票都是一幅画，富有隽永的艺术魅力；其次，藏书票题材广泛，内容丰富，包罗万象，蕴涵丰富；再次，藏书票是艺术家亲手刻印的版画原作，印量极少，一般只印10张到100张，多亦不过200张，物以稀为贵。此外，藏书票票幅小，犹如一张邮票小型张，易于收集，易于保存，因此越来越多的收藏爱好者视其为收藏珍品。

作为舶来品，藏书票在中国只有大约110年的历史，经受战乱、时局等影响，只有极少数版画艺术家和知识分子接触过藏书票，直到改革开放以后，藏书票才枯木逢春，逐渐复苏并迅速发展。

由于藏书票是新生事物，一切都在探索和发展中，很多方面都没有形成定式。如藏书票的命名就没有一定之规，即使同一个作者对同一张图，也常有两种命名。通常情况下藏书票的命名有三种方式：以票主命名，如"XX藏书"；以画面主题或题材命名，如"仙人掌"；作者自己写了题名。原则上一般首选作者写的题名，但为保持藏书票命名的统一，本书中的藏书票主要采用票主命名的方式，创作年份不详的不标注。

藏书票是一个珍珠闪烁、宝石耀眼、蝴蝶翩飞、五彩缤纷的世界，愿"书中蝴蝶：中国当代藏书票"丛书带您走进这个绚丽而神奇的世界。

目录 | CONTENTS

"南朝四百八十寺，多少楼台烟雨中。"唐杜牧诗《江南春·千里莺啼绿映红》中的短短14字，描绘了一幅写实而又朦胧的画面。古寺是典雅的建筑遗迹实体，也是写在地球上的诗；烟雨楼台是感性的审美，散发缥缈的思古之幽情。这看得见的古典，和看不见的韵致，成就了诗，构成了画，也孕育了古典雅韵藏书票。

　　本卷收入的藏书票和古典题材有关，古代的器物、古代的艺术、古代的工艺、古代的建筑、古人的生活状貌、古人的精神信仰等。这些题材首先具有画面感，又蕴涵丰富或深厚的人文气息，具有一定的思想内涵。

张家瑞：刀笔精妙

在古典的屋檐下读书，是一份怎样的陶醉。

每一个字，都带有浸入古砖瓦的风声雨声。

《邵华泽藏书》藏书票深沉厚重。

微抿的嘴唇、低垂的眼帘、如初升弯月的眉，简洁而洗练的线条，刻画出一个活脱脱的东方女神形象。双色叠印的手法，使这张圆润的脸庞显得格外生动。

灵活的手势，妙曼的身姿，每一处细节，都惟妙惟肖地表现出女性的妩媚和柔美。

艺术首先是对美的追求，这张藏书票给人的第一感觉就是美。

然而，引人入胜的不仅是美的外貌和姿态，还有神韵。她低眉凝神在思索什么？她淡淡的笑意挂在嘴角若隐若现，是讥讽世人的笑，还是警示世人的笑？或什么意思都没有，只不过是发自纯善的天性，只不过是出自内心的欢愉，或只不过是会心一笑。

西方艺术有蒙娜丽莎神秘的微笑，那是西方式神秘，这张藏书票则是东方式神秘，含蓄、内敛，冥想中的会意，洞悉万物的慈悲，没有什么能超越美，唯有神韵。

具有悲天悯人情怀的艺术家，才能创造出有同样情怀的作品。

◆ 邵华泽藏书　　　　　　　◆ 家瑞藏书

张家瑞1998年作　　　　　　张家瑞1998年作

这是张家瑞为北大教授、东方文学学者季羡林创作的一张藏书票。季羡林是语言学、文学、佛学、梵文方面的权威专家，想必作者为票主取材颇费一番苦心，既要研究印度佛教的文化背景，又要思量佛教在中国的演变；既参考印度寺庙佛像造型，又考察中国石窟造像，观摩敦煌壁画形象，经过艺术提炼、升华，这张小小藏书票，凝聚印度佛教中国化的漫长历程，藏书票上的美丽女神，正是彼时彼境佛教造像的定格。

"季羡林之书"，是季羡林所读之书，亦是季羡林所著之书，所读和所著，都有一条不可回避的路径和线索，这就是印度佛教中国化和印度佛像中国化的路径，艺术家张家瑞敏锐地追寻和把握这条路径线索，定焦于这张佛像藏书票，将季羡林寂寞的学术研究以一种美的方式呈现，画面与票主身份可谓珠联璧合。

季羡林对这张藏书票评价很高，挥笔题写了四个字："刀笔精妙"。这是对张家瑞创作的这张藏书票代表作的肯定。

◆ 季羡林之书

张家瑞2002年作

借鉴敦煌壁画艺术，吸收中国古代佛像造型，与《季羡林之书》相同题材的作品，在张家瑞的藏书票中还有很多，形成了一个系列，《巴特勒藏》《长乐居藏》等是该系列中的精品之作。

◆ 巴特勒藏

◆ 长乐居藏

张家瑞1998年作

张家瑞1996年作

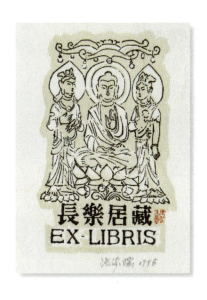

　　《兴文藏书》《家瑞珍藏》这两张藏书票创作于1983年，是中国改革开放后最早的一批藏书票之一，是彼时藏书票兴起的珍贵见证。尽管张家瑞本人谦称之为"起步之作"，其实，创作这些藏书票时，他已是一位闻名遐迩的版画家了，驾驭这些小小藏书票自然是游刃有余。这两张藏书票构图虽简单小巧，但小中见大，已见其驾轻就熟的深厚功力。

◆ 兴文藏书　　　　　　　　　　◆ 家瑞珍藏

张家瑞1983年作　　　　　　　　张家瑞1983年作

　　藏书票、古籍、古版画，三者合而为一，诗、书、画、印融为一体，从书中而来，又回归于书，巧妙昭示了藏书票最本质的功能，又完美体现了藏书票的审美属性。

◆ 知音图　　　　　　　　　　◆ 蹴鞠图

张家瑞 2005年作　　　　　　　张家瑞 2005年作

　　张家瑞为木版基金会创作的这两张古典藏书票，富有雄强博大的气质，风格既深沉又秀婉，有深厚的传统文化底蕴。

◆ 木版基金会珍藏　　　　　　　◆ 木版

张家瑞2001年作　　　　　张家瑞2001年作

　　《莫高莲台》是张家瑞在2017年为著名版画家赵延年创作的一张藏书票。他遵循现实主义路子，采用写实的手法，描人状物直达真实原貌，这种严谨的、精益求精的创作态度，使他的这张藏书票一目了然，而又赏心悦目，一眼就能看出深厚的艺术功力。即使是那些富有浪漫气息或富有装饰性的画面，每一根线条都有出处，一丝不苟，是扎实的写实基础上的提炼和升华。栩栩如生，又富有艺术的张力，这正是他的藏书票扣人心弦之处。

◆ 莫高莲台

张家瑞2019年作

门神尉迟恭、秦琼、赵公明、燃灯道人等都是历史故事中的名人，也是中国民间木版年画代表性人物，这10张门神藏书票取材自中国民间木版年画门神，其中《辻欣勇珍藏·门神尉迟恭》《洪志珍藏本·门神秦琼》和《木版基金会藏·立锤门神（一）》《木版基金会藏·立锤门神（二）》取材于凤翔年画；《木版基金会藏·门神赵公明》和《木版基金会藏·门神燃灯道人》取材自朱仙镇年画；《艾思仁·门神尉迟恭》《艾思仁·门神秦琼》和《厚德堂·立刀门神（一）》《厚德堂·立刀门神（二）》取材于武强年画。

这组藏书票中，张家瑞在保留民间木版年画的朴实、稚拙风格的同时，对线条进行了艺术化的提炼和升华，不是简单地复制和翻刻，而是基于对民间美术深厚感情的再创作，拓展了藏书票的题材领域。木版年画在当代渐趋式微，如何保护和传承这一非物质文化遗产，如何"新瓶装旧酒"，是一个重要课题。张家瑞用身体力行的艺术实践，作出了可贵的探索。

◆ 辻欣勇珍藏·
　门神尉迟恭

◆ 洪志珍藏本·
　门神秦琼

张家瑞 1997年作　　　　张家瑞 1997年作

　　其中部分书票是张家瑞应邀为木版基金会创作的。木版基金会是欧洲一个为木版画收藏和创作而成立的机构。门神是中国古代家家户户在春节张贴的木版年画，是中国乃至世界发行量最大、传播最广的木版画，如今已成为非物质文化遗产，因此，选用门神作为为木版基金会创作的题材，最为贴切。

◆ 木版基金会藏·
立锤门神（一）

◆ 木版基金会藏·
立锤门神（二）

张家瑞1999年作

张家瑞1999年作

◆ **木版基金会藏·**
门神赵公明

◆ **木版基金会藏·**
门神燃灯道人

张家瑞 1998年作

张家瑞 1998年作

◆ 艾思仁 ·
门神尉迟恭

◆ 艾思仁 ·
门神秦琼

张家瑞2003年作

张家瑞2003年作

◆ 厚德堂·立刀门神（一）

张家瑞 2007年作

◆ 厚德堂 · 立刀门神（二）

张家瑞 2007年作

《张家瑞藏书票——中国戏曲脸谱藏书票手拓本》是张家瑞经过多年酝酿构思，于2018年完成的一套藏书票，以书封形式包装成册，每册20帧原作，限量50本。

戏剧脸谱形形色色，纷繁众多，数不胜数。收录到这套藏书票中的都是经过选择的历史故事里的著名人物，也是戏曲中的著名脸谱。一位艺术家通过藏书票的形式一次性成套表现如此多戏曲脸谱人物，这是藏书票领域史无前例的首创。要完成这一巨制，不仅需要作者了解诸多历史人物，更需要精通中国戏剧脸谱的艺术特征和规律，谙熟这些戏剧人物脸谱的构图细节。张家瑞做到了，他对中华传统文化的热爱，多年的学习、研究和探索，使他准确把握戏剧人物脸谱的构图、线条和色彩，其中每一个脸谱都颇有讲究，对于不了解戏剧人物脸谱的读者，犹如迷宫一般难以破解。

如这张《王鬼之书·张飞》藏书票，张家瑞表现的是"发笑的张飞"，将其脸谱勾成黑十字门蝴蝶脸，呈笑脸状。同时，张飞脸谱又有豹头环眼之态，表现其凶猛、骁勇之相。

《吕大为书票·关羽》藏书票中关羽脸谱脸为红色，表示他忠肝义胆，一生忠诚于刘备，画丹凤眼，勾卧蚕

◆ 王岜之书·张飞　　　◆ 吕大为书票·关羽

张家瑞 2018年作　　　　　张家瑞2018年作

眉，表现其英武，眉间的三条冲天的线条，象征桃园三结义；上面的"品"字形图案，表示焚香祭祀之炉。这些均是对关羽不慕高官厚禄、金银美女，保皇嫂秉烛待旦等行为的颂扬。而人们对他的崇拜已到敬神的地步，故只有关羽的红脸是不加任何杂色的。

周仓是历史小说《三国演义》中的人物，在戏剧《青石山》中是主要人物，本是黄巾军出身，关羽千里寻兄之时请求跟随，自此对关羽忠心不二，听说关羽兵败被杀后，周仓也自刎而死。关羽神像的两侧也经常供奉周仓、关平（关羽之子）的神像。

《脸谱人物·周仓》藏书票表现的周仓身材高大，是一位黑面虬髯的关西大汉，其形象塑造抓住了这一特点。

项羽的脸谱，在张家瑞创作的《碣石斋之书·项羽》藏书票中是哭相。这是因为项羽是《霸王别姬》中的人物。楚汉相争，楚王项羽被困垓下，四面楚歌，哀叹大势已去。爱妃虞姬舞剑为项羽消愁后自刎，项羽悲伤至极，突围至乌江，无颜见江东父老，在乌江边自刎。

同时，藏书票中项羽的脸谱呈现较为丰富和复杂，既带有哭相，又表现出超凡脱俗的伟力与气质，将这位末路

◆ 脸谱人物·周仓　　　◆ 碣石斋之书·项羽

张家瑞 2018年作　　　　张家瑞2018年作

英雄的神情刻画得淋漓尽致。

项羽脸谱黑白分明，脑门儿画"七星北斗"，双眉勾"寿"形龙纹，为寿字眉，中插宝剑，画虎豹眼加金鼓状图案，表示他得天威、能征惯战、称霸一方的英雄气概。

《维纲藏书票·孙悟空》藏书票取材于传统戏剧《闹天宫》《孙悟空大闹无底洞》《美猴王》人物脸谱。

孙悟空的角色属于神仙类，出现在多个剧目中，每个脸谱并不完全一样。这张藏书票刻画的孙悟空脸谱是猴形脸，脸谱就像一个倒立的红桃儿。因是神猴，故画得顽皮、机智、火眼金睛，藏书票中孙悟空脸谱的色彩主要采用的是金黄色。

包公为官清正，不畏权势，斩皇亲，铡驸马，判侄儿，铁面无私，是百姓崇敬的清官。藏书票中，黑脸膛表示他为人刚直，印堂勾"山"字形笔架，额头画朱笔，象征他执法如山，脑门画月牙儿，则显其一生廉洁，若明月当空。

◆ 维纲藏书票·孙悟空　　◆ 碣石斋藏书·包公

张家瑞 2018年作　　　　张家瑞 2018年作

　　《说唐》中描写程咬金是绿脸，故在《贾家楼》剧中勾成绿脸。《全洪之书·程咬金》藏书票上的程咬金并非绿脸，因程咬金的脸谱是变化的。程咬金年轻时由净角扮演，勾绿色三块瓦脸谱；中老年时，则由丑角扮演。按正统观念，其在瓦岗寨称帝之前是草寇且性格莽撞，因此勾绿三块瓦脸；称帝未成大统且性情懵懂滑稽，便改用了丑角。丑角老脸多用蟹形，白粉块似蟹盖，眼尾纹似蟹腿，两道白眉似蟹钳，印堂纹似蟹须。藏书票采用程咬金中老年脸谱构图。

　　窦尔墩是《盗御马》剧中人物，因善用虎头双钩，故《司洋书票·窦尔墩》藏书票在眉梢处画钩形图案，勾成"蓝花三块瓦"谱式。窦尔墩在《连环套》中也是蓝花三块瓦脸谱。

◆ **全洪之书·程咬金**　　　◆ **司洋书票·窦尔墩**

张家瑞 2018年作　　　　　　张家瑞 2018年作

《碣石斋书票·典韦醉书》藏书票中的典韦脸谱以正黄色示其凶猛，因他是忠勇、凶猛之将，故配以三块瓦式示其忠勇。眉间勾双戟，表示所用兵器。

《碣石斋之书·单雄信》藏书票取材传统戏剧《锁五龙》人物脸谱，刻画的单雄信脸谱造型是碎花脸，以花脸的表现艺术，将单雄信的气度、粗犷、恩怨分明、气节不辱以及适当的铁汉柔情，表现得淋漓尽致，凸显了单雄信的人物性格特征。最传神的是那双怒目的刻画，圆圆的眸子在黑白颜色的映衬下，仿佛诉说着满腹的委屈与不甘心，不由得让人想起《锁五龙》中的桥段：单雄信被绑赴法场，临刑前唱出一段豪言壮语。

◆ 碣石斋书票·典韦醉书　　◆ 碣石斋之书·单雄信

张家瑞 2018年作　　　　　　张家瑞 2018年作

◆ 碣石斋之书·虞姬　　　◆ 桂焕书票·贵妃醉酒

张家瑞 2018年作　　　　　　张家瑞 2018年作

◆ 全洪藏书·常寿花下凡　　◆ 桂焕藏书票·河阳公主

张家瑞 2018年作　　　　　　　张家瑞 2018年作

◆ 碣石斋书票·赵公明　　◆ 家瑢书票·姚期

张家瑞 2018年作　　　　　张家瑞 2018年作

◆ 碣石斋藏·林冲　　　◆ 碣石斋之书·吕虎

张家瑞 2018年作　　　　张家瑞 2018年作

　　孔子是诸多艺术家表现的人物，出新很难。张家瑞这张《孔子》藏书票，除了孔子的全身像，还将孔子置于高山大海的背景之前，寓意高山仰止，海纳百川。同时，滔滔流水也令人想到，子在川上曰"逝者如斯夫，不舍昼夜"！

◆ 碣石斋书票·姚刚　　　　　　　　　　◆ 孔子

张家瑞2018年作　　　　　　　　　　张家瑞 2018年作

沈延祥：穿越时空隧道

这是沈延祥于2000年创作的以山西民居门楼为题材的藏书票，艺术地表现了古典文化中的牌坊和门楼屋檐。

两侧黑色的板块，如同封建社会森严的大门。大门呈徐徐打开或关闭状态。

古老建筑留下了阴森而灿烂的影像，在历史的迷雾中，穿越时空的隧道，如此遥远，又如此清晰。一种莫名的忧伤情绪，浸润在每一块砖瓦中，看一眼，就令人久久无法忘怀。

◆叶云丽藏书   ◆ 延祥藏书（一）

沈延祥2000年作   沈延祥2000年作

　　《延祥藏书（二）》这张藏书票仅仅表现门上的铁制门环，以小见大，滴水见太阳。

　　一缕夕阳投射到门环上，呈现强烈的明暗对比，如特写镜头，突出了门禁的森严，凸显了中华传统文化渗入生活的古典雅致。

◆ 延祥藏书（二）

沈延祥2003年作

邵黎阳：高超的造型

《宋代银塔·宁波博物馆藏》《宋代东钱湖石刻·宁波博物馆藏》《宋代越窑三足蟾蜍水盂·宁波博物馆藏》《战国铜斧·宁波博物馆藏》这四张藏书票是邵黎阳在2008年为宁波博物馆创作的，取材自宁波博物馆最为珍贵的馆藏文物，分别是宋代银塔、宋代东钱湖石刻、宋代越窑三足蟾蜍水盂、战国铜斧。

如果在藏书票上单单刻画一件文物，可能会显得乏味。邵黎阳在构图上别出心裁，每一张文物藏书票都在文图装饰上下足了工夫，使画面变得丰富灵动起来。

《宋代银塔·宁波博物馆藏》藏书票造型秀美，上部闪烁的星光显示其工艺之美、文化之珍贵，格子中的"宋代银塔"红色宋体字散发出古籍中的书卷气，为画面增添了古典气息。

◆ 宋代银塔·宁波博物馆藏

邵黎阳2008年作

《宋代东钱湖石刻·宁波博物馆藏》选取两件人物石雕，正面形象为主体，侧面形象为附属，主次分明，互为映衬。一缕斜阳照射在石刻人物的面部和铠甲上，千年光阴流逝，难掩石刻之精美、中华文化艺术之恢宏。宋体字"宋代东钱湖石刻"和篆书"宁波博物馆"纵横错落，画面凝重中显灵动。

《宋代越窑三足蟾蜍水盂·宁波博物馆藏》构图随物赋形，在圆形蟾蜍水盂瓷器周边，刻画一圈文字，正好将蟾蜍水盂包围在正中，蟾蜍头部是圆圈的开口。这不规则的圆圈犹如池塘中的一波涟漪，随波荡漾，贴合蟾蜍的生存环境，与主体形象巧妙地融为一体。

◆ 宋代东钱湖石刻·
　 宁波博物馆藏

◆ 宋代越窑三足蟾蜍水盂·
　 宁波博物馆藏

邵黎阳2008年作

邵黎阳2008年作

　　铜是人类文明最重要的金属之一，《战国铜斧·宁波博物馆藏》藏书票上部黄色的短斜线，表现出金光闪闪的效果，突出了战国铜斧的历史价值、工艺价值和文化价值。画面中间的回纹和下面的波纹，渲染出战国时期青铜器的纹饰特征，表现出了战国铜斧深厚的文化底蕴。

◆ 战国铜斧·宁波博物馆藏

邵黎阳2008年作

2014年，陆家嘴金融城射箭世界杯赛在上海举行，邵黎阳创作了两张纪念藏书票《后羿》和《长坂坡》。

这两张藏书票分别取材于远古神话和民间传说，古典名著中对其多有描绘。后羿射日，射下来九个太阳，拯救了人类；《长坂坡》描绘赵云大战长坂坡，杀死曹军50余员战将，万军丛中救出了甘夫人和刘禅，画面描绘他骑在白马上张弓搭箭的英姿。

这两张藏书票表现了中国古代文化中著名的射箭故事，与"射箭世界杯赛"主题吻合，可谓取材巧妙。在技法上，邵黎阳放弃了他最娴熟的木刻技法，而采用他较少使用的丝网版技法。画面赋形准确、线条流畅，挥洒自如，惟妙惟肖地表现出了千钧一发的凝重感，显示了邵黎阳高超的造型能力。

◆ 后羿　　　　　　　　　◆ 长坂坡

邵黎阳2014年作　　　　　邵黎阳2014年作

《白蛇传》藏书票表现了民间爱情故事中西湖借伞的情节，刻画了白素贞和小青在西湖游湖遇雨，许仙将伞借与白素贞为其挡雨的情景。三人姿态表情动感传神，著名景点"三潭印月""柳浪闻莺""雷峰夕照"都在画面中次第呈现，还有西湖上的游船、斜风细雨的刻画，将人物的典型环境描绘得生动逼真，观之如临其境。

表现"借伞"情节的美术作品很多，邵黎阳此幅与之相比皆不雷同，无论是构图以小见大、层次分明，还是人物造型的生动传神，都表现出其深厚的写实功力。此幅作品堪称邵黎阳人物题材藏书票的代表作之一。

◆ **白蛇传**

邵黎阳2009年作

这两张以古代马球运动为题材的藏书票分别创作于2001年和2002年。六年后，经国务院批准，马球被列入第二批国家级非物质文化遗产名录。

马球在古代亦称"击鞠"，是骑在马上用马球杆击球入门的一种体育活动。马球在东汉曹植《名都篇》中就有描述："连翩击鞠壤，巧捷惟万端。"可见，马球运动在汉代或汉代之前就已出现。马球运动兴盛于唐宋，唐玄宗、敬宗等皇帝都喜欢马球，章怀太子墓中的《马球图》表现了唐代马球运动盛况，画上20多匹骏马飞驰，打球者足蹬长靴，头戴幞巾，手持球杖逐球相击。古诗中还有对女子打球的描绘，如王建《又送裴相公上太原诗》中写"十队红妆伎打球"、《宫词》有"寒食宫人步打球"。除了描绘马球的诗文，还有一些描绘马球运动的绘画作品，如明《宣宗行乐图》长卷中绘有宣宗观赏马球的画面等。

邵黎阳的古代马球藏书票根据古代诗文和绘画，再现了古代马球运动的场面。其中《黎阳藏书》表现古代的马球运动中四位马球手骑在马上，围绕马球顺时针旋转抢球，马的动感、人物的姿态都栩栩如生。构图讲究，四人分置四角，四角四字，画面均衡对称，富有装饰性。技法上采取木刻油印，营造出古朴浑厚的汉画像石的效果。

◆ **古代马球**　　　　　　　　　　　◆ **黎阳藏书**

邵黎阳2001年作　　　　　　　　　　邵黎阳2002年作

《中国尺牍文献首发纪念》是邵黎阳在2013年为上海图书馆中国文化名人手稿馆创作的一张藏书票。

《中国尺牍文献》套装共两册，是上海图书馆馆藏文献年度精品展系列图录之一，是尺牍文献研究的学术性图录，由上海古籍出版社于2013年11月出版。尺牍即书信，该书收录上海图书馆所藏尺牍和尺牍文献，包括帖、历代尺牍文集，以若干篇专论的形式对尺牍文献进行论述。为配合该书出版，邵黎阳创作了这张纪念藏书票，主题为"鱼雁传书"。

所谓"鱼书"指鱼形的信函。最初，书信写在丝帛之上，被称为尺素，以双鱼形的"函"（装信的匣子）封存，以"缄"（丝绳）捆束，封以封泥。因此，书信也被称为"鱼书"。传说三国吴人葛玄与河伯水神书信往来，鲤鱼做信使，因此有了鲤鱼传书的典故。

"雁书"典出苏武北海牧羊的故事。汉朝派使者要求匈奴释放苏武，匈奴单于谎称苏武已死。这时有人暗地告诉汉使真相，出主意让他对匈奴单于说："汉皇在上林苑射下一只大雁，这只雁足上系着苏武的帛书，证明他未死。"如此，匈奴单于只得放苏武回汉。

还有一说苏武写了一封信系在大雁腿上，大雁飞到汉朝皇家花园，皇帝得知了苏武的情形。朝廷据此通过外交

◆ 中国尺牍文献首发纪念

邵黎阳2013年作

途径把苏武接了回来。

古诗中常见"鱼雁传书"的描述，如古乐府诗《饮马长城窟行》："客从远方来，遗我双鲤鱼。"唐李商隐《寄令狐郎中》诗："嵩云秦树久离居，双鲤迢迢一纸书。休问梁园旧宾客，茂陵秋雨病相如。"

《中国尺牍文献首发纪念》藏书票下部水中鱼儿游弋，上部天空中大雁飞翔，表示"鱼雁传书"。画面中间骏马飞驰，有腾云驾雾之势。古代邮驿传递书信都是靠奔驰的马匹传送，故而藏书票绘刻一匹骏马，表现古代邮驿传递尺牍的情景。

《古人的智慧》表现了三星堆脸谱，采用黑白木雕技法，皆表现了中国古代艺术雄浑博大的气韵和中华文明的灿烂辉煌。

◆ 古人的智慧

邵黎阳2021年作

陈雅丹：博大沉雄

一只站立的小鸟，长长的腿，长长的颈，大大的眼睛，尖尖的喙。《爱书 小鸟》藏书票构图简洁，线条稚拙，使人感受到古代青铜器造型的古朴韵味。

细长的设计，刻上"爱书""小鸟"字样，犹如一张书签。粗细相间的两个长方形框，富有装饰趣味。

◆ 爱书 小鸟

陈雅丹2005年作

《国图珍藏》是陈雅丹为国家图书馆创作的藏书票。为纪念甲骨文发现百年，有几位藏书票名家为国图创作了一批藏书票，陈雅丹的《国图珍藏》是其中之一。

藏书票中间空白处刻印"卜王"二字。"卜王"是甲骨文精品文物上的文字，"卜"字在甲骨文中是个象形字，像龟甲烧过后出现的裂纹。

"王"也是象形字，甲骨文为斧钺之形，斧钺为礼器，象征王者之权威。

这张藏书票构图独具匠心，画面下部采用西周青铜器纹饰，古朴凝重，表现出中国传统文化的博大沉雄气象。

木刻技法运用自如，自成风格，是陈雅丹木刻藏书票精品之作。

◆ **国图珍藏**

陈雅丹1999年作

易阳：此曲只应天上有

红玫瑰、蓝玫瑰，幽暗时空中，悄然绽放。

横笛莺声燕语，清远悠扬，洞箫凄清婉转，如怨如诉。

笛和箫，犹如清澈的溪水和冰泉，流淌着仙乐之音，缥缈勾魂，演奏出中国古典乐器最富诗意的乐声。

其中洞箫凄清而铿锵，自古文人多有描述，如苏轼《前赤壁赋》中云："客有吹洞箫者，倚歌而和之。其声呜呜然，如怨如慕，如泣如诉，余音袅袅，不绝如缕。舞幽壑之潜蛟，泣孤舟之嫠妇。"

《天籁（一）》藏书票上，吹箫者为红衣少女，目光平和深情；吹笛者为蓝衣少女，目光低垂幽怨。长裙上花朵绽放，如花年华，诗意地绽放。

少女胸前双凤翩舞，凤和龙一样是中华图腾，龙是男性至尊，凤是女性至尊，是皇后的象征。是的，在画家易阳心目中，演奏音乐的女子是艺术女神，头戴王冠，是易阳对美好女性的尊崇，对美的礼赞。

水珠技法创造几个大大的水珠，大水珠套小水珠，生生不息。音乐的世界是缥缈的世界，大水珠犹如缥缈的星球。

演奏音乐的女神脚踩星球，坐在星球之上，冉冉升起。幽暗的背景犹如宇宙黑洞，在浩渺时空中漂浮。此曲只应天上有。

◆ 天籁（一）　　　　　◆ 天籁（二）

易阳2003年作　　　　　易阳2003年作

　　两张铜版画的组合，是绝妙的组合。两张顶部呈弧形的画，合并在一起就是一本打开的书，切合藏书票的"书"之形神。两位音乐女神或正面，或侧身，身姿神态相互照应，画面具有对应之美、均衡之美、和谐之美，美美与共。

　　仅仅其中一张，足以惊艳，易阳毫不吝惜将两张已然完美的作品合二为一，表现出他对极致的决绝追求，使这张作品具有了强大的视觉震撼力。

　　油画界陈逸飞的《夜宴》，铜版画界易阳的《天籁》，都是这一题材的奠基性作品，也是东方美学视域标志性作品。

　　与《天籁（一）》浓墨重彩的恢宏气势相比，《天籁（二）》显得清雅而朴素。在美学上，浓重和素雅并无高下之分，只有大家闺秀和小家碧玉的风格之别。

　　女子身着深色袍服，跪坐吹横笛。画面不闻笛声，但只观察她的神态和画面氛围，欣赏者仿佛已被清远悠扬的天籁之声感染。

　　笛声悠扬悦耳，不同的笛子声音有所区别，曲笛绵延，梆笛活泼，陶笛古朴。此外，不同乐器有不同特点，只要看到乐器，就仿佛能感受到它们的声音特色，如箫静谧，埙悲伤，二胡伤感，古筝忧思，磬古雅，中阮含蓄，笙欢快，马头琴辽阔，葫芦丝轻盈，琵琶跳跃，芦笙优美，扬琴热闹等。

笛子是迄今为止发现的最古老的汉族乐器之一。关于笛音，唐代诗人赵嘏有一首《闻笛》："谁家吹笛画楼中，断续声随断续风。响遏行云横碧落，清和冷月到帘栊。兴来三弄有桓子，赋就一篇怀马融。曲罢不知人在否，余音嘹亮尚飘空。"

欣赏《天籁（二）》藏书票，仿佛听到笛声悠扬而起，在暗夜绵延回响，清脆与柔和相应，委婉与清亮并存，如田园牧歌恬静悠远，如蓝色湖水荡漾层层涟漪，婉转清脆，怡人心脾。

藏书票背景简洁，采用佛像石雕的背景构图，加上头顶佛光般的大水珠，凸显吹笛女子的神性。身边一只凤纹罐，美女如凤，凤与吹笛女子相互呼应。

罐上一个大水珠，与头顶的大水珠呼应，两个大水珠中套无数小水珠，令人想到大珠小珠落玉盘的乐音之美。

上部采用拱花技法素印日文"清的乐音"（左向"音乐之清"）四字，对应下面英文"自由之歌"，妙趣横生。

《楚汉风度》藏书票中鼓舞女子双手举起纤细鼓槌，作打鼓状。

鼓是虎座凤鸟漆木架鼓。双凤相背，凤首悬鼓，双虎蹲伏，被凤踩于脚下。两卧虎为鼓座，两凤鸟为鼓架，画中一凤一虎为全身，一凤一虎为舞女所挡呈局部。四只动物造型生动，被凤踩在脚下的百兽之王神情默然而无奈。凤凰昂首屹立，雄姿英发，引颈长鸣，似在为击鼓壮声助威。

藏书票名"楚汉风度"，其实是楚文化风度。虎座凤鸟漆木架鼓是楚文化的代表和象征性器物，该器为国家一级文物，堪称国宝，出土于笔者家乡江陵。

在楚文化中，凤为至高无上的神鸟，就连号称百兽之王的猛虎，也要乖乖地蜷卧在凤鸟脚下，正是为了突出凤鸣九天的威严和震慑效果。

全画幅采用红色，红色是楚文化两大主色调之一（另一主色为黑色），贴合"楚汉风度"主题。

2012年12月25日，易阳写了一首诗《2013年琴台新年音乐会寄语》，可深化对《楚汉风度》藏书票的理解。诗曰："高山流水遇知音，梅香清韵沁心脾。斜阳残照晚风静，月如沧海飘落雪。琴弦可断余音绕，大江滔滔东流去。凤鸣鹤舞月徘徊，楚汉风度今犹在。"

◆ 楚汉风度

易阳2008年作

佛像题材和仕女题材一样，是易阳藏书票的又一亮点。

谈到以佛像为题材的藏书票，怎一个缘字了得！易阳说："我的第一幅受佛教文化影响的铜版画为1991年创作的《进入梦境》和《和平祈祷》，分别用铜版画水珠技法制作佛与菩萨的光相。如今已经有20多年的缘分。当时亲临敦煌莫高窟、云冈石窟、龙门石窟、大足石窟等佛教圣地进行艺术考察和写生，使我的艺术情感得以升华。特别是在研读博士学位课程期间，经恩师、著名美学大家邱紫华先生的教导、点化与指引，创作铜版画和藏书票多幅……"

鉴赏易阳的佛像藏书票，尤其是这五幅菩萨、观音藏书票，迥异于其他艺术家的佛像，作品显示出他独特的个人风格，表现在如下几点。

首先是秀骨清像，形象唯美。

中国的佛像艺术经历了漫长的发展阶段，大体风格分为两类，一类是清秀，一类是雄浑。如北朝佛像气势古朴粗犷，唐代是以丰满为美的"盛唐气象"，辽代佛像面部丰圆，元代佛像气势浑厚，以上佛像属雄浑类。而南朝佛像体形较瘦，气质优雅俊秀，面容秀骨清像；宋代佛像面容清秀，带有女性韵味，衣带飘逸，姿态活泼，这两个时代的佛像风格属清秀类。易阳的佛像即属此类。

◆ 大势至菩萨

易阳2011年作

唯美主义是易阳所有女性题材藏书票的特色。中国佛像艺术中，佛像多为男性造型，易阳将菩萨像塑造成女性形象，突出了唯美效果，秀骨清像的菩萨更显慈悲可亲。

将男性菩萨改为女性形象在中国古代是有传统的。观音菩萨像在印度是男性的造型，传入中国后，中国艺术家将其改为女身，柔美的女性形象大受欢迎。易阳的这组菩萨藏书票亦是对传统的继承和发扬。

其次是色彩讲究，艳丽悦目。

在易阳的仕女藏书票中，色彩有冷有暖，亦有诸多纯然冷色。这五张佛像藏书票中，佛像的形象全部采用暖色，为红色、黄色和橙色，衬以黑色或蓝色背景，凸显佛像的端庄和尊贵。

在这些佛像藏书票的色彩中，有一种色彩特别讲究，这就是金色。易阳告诉笔者，此金色非一般金色，而是北京印钞厂的专用金色。

20年前，易阳在中央美院读研时，版画工作室的一位技师的父亲在印钞厂工作，通过中央美院开的介绍信，作为科研用途，易阳到印钞厂找这位技师的父亲购买了两斤昂贵的印钞油墨。

易阳一般舍不得使用这印钞金，只有在重要的藏书票上才点金使用。

◆ **净瓶观音**

易阳2015年作

这五张菩萨和观音藏书票全部采用了点金和描金，色彩讲究，艳丽悦目，使佛像显得更加雍容华贵。

再次是水珠技法，独门绝技。

这五张菩萨和观音藏书票都采用了水珠技法，主要使用在菩萨和观音的光相处，此处是佛光闪现的地方，通常画家都是以佛光表现，为常规画法，易阳在此使用水珠技法，大水珠套小水珠，缥缈迷幻，衬托佛像头部。

铜版画水珠技法是易阳的首创，这是易阳对中国传统文化"圆"的思考结果。他说，早在《周易·系辞上》就有"蓍之德，圆而神"之说。唐代司空图著《诗品》描述并颂扬了审美思维的"圆形"境界。宋代朱熹在《太极图说解》中曰："○者，无极而太极也。"这里，中空的圆环成了道的玄机，古人对圆赋予了深邃的思辨色彩。先哲这种关照宇宙万物的哲学态度，很容易化为艺术家观察世界的审美态度。

水珠技法是铜版画表现技法之一，主体用"水"这种软性材料散落于涂有防腐层的金属铜版（硬性材料）上经过后期制作而成。柔质的水与坚硬的金属碰撞，激起晶莹、精致的水珠圆点。刚柔相济，阴阳相成。中国文人有深夜听雨之雅兴，有时易阳突发奇想，在室外，潇潇秋雨之中，任凭天然的雨水滴落在铜版上，制成奇特的艺术效

◆ 宝扇菩萨 ◆ 观音菩萨

易阳2011年作 易阳2011年作

果，不是更具有东方文化的审美情调吗？

　　这一想法在他的佛像藏书票中得到了充分体现，其中《八臂观音》画面布满水珠，晶莹剔透，轻飞曼舞，为画面增添了无限诗意和浪漫，这也是他创作的水珠最多的藏书票之一。

◆ 八臂观音

易阳2021年作

《宋恩厚藏书》票主是著名版画家宋恩厚，时任武汉美术馆馆长。这张藏书票采用秦砖汉瓦中的瓦当形式构图，刻画两只鸟的对舞互搏。鸟为朱雀，古代四灵之一，四灵即青龙、白虎、朱雀、玄武。

从这两张藏书票看，上面两边各置一水珠，大水珠里面有无数小水珠，可见1988年易阳已开始使用铜版画水珠技法，当时易阳还是学生，只有20岁。

◆ **宋恩厚藏书**

易阳1988年作

杨忠义：八十七神仙卷

纤细优美的线条，稳重而稍有变化的用色，加上衣着头饰的衬托，表现了神仙的庄重、神圣和仁慈。

杨忠义的"八十七神仙卷"系列藏书票，将古代名画分解为一张张单独的人物图，富有东方神韵和东方文化的意蕴。

◆ 八十七神仙卷

杨忠义1992年作

刘硕海：甲骨与青花

1999年是甲骨文发现100周年，中国国家图书馆组织藏书票艺术家创作并发行了1999套珍藏版藏书票集。这套藏书票精选殷商时期的甲骨文字为题材，由著名版画家创作，配有国家图书馆珍藏甲骨文实物及拓片的照片，由于它制作精湛，深受广大收藏者的欢迎。

刘硕海创作的这三张国图珍藏藏书票就是这一策划活动的结晶。

《国图藏书》在古代纹饰的底纹上，凸显出三个持有武器和盾牌的古代武士。这枚绢网印法的孔版藏书票构图端庄古朴，风格凝重。

和《国图藏书》一起构思，刘硕海还创作了这张《国图珍藏》藏书票，是为纪念甲骨文发现百年而创作的。它采取不同颜色的两层甲骨文断片，从而产生龟裂破损的效果，具有真实的历史感。

◆ 国图藏书　　　　　　　　◆ 国图珍藏

刘硕海1999年作　　　　　　　刘硕海1999年作

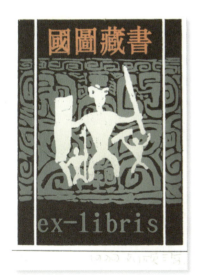 

《国图珍藏·甲骨文发现百年纪念》是刘硕海专门为中国国家图书馆"甲骨文发现百年纪念"设计的一张纪念书票，左边的一条纵断线，使深重的底色如同两扇正在缓缓打开的深重的历史之门。透过门缝，我们可以看到带裂纹的咖啡色的龟甲，被带到甲骨文的远古时代。细细的边框消释了这种厚重的压抑感，使得这枚书票充满了浓郁的书卷气。灵气和才气在线条中挥洒，水波一样的线条，洋溢着创造的激情，有如入无人之境的自由。刘硕海的丝网版《王蒙珍藏》《骥才珍藏》《阿年藏书》以灵性的刀法，表现了中国青花瓷瓶的文化内涵，他将书法融入图画，提升了藏书票的文化品位，有浓郁的书卷气和文人气。

邓亚萍是乒乓球世界冠军，为中国申奥成功做出了重要贡献，有感于此，刘硕海创作了《邓亚萍藏书》藏书票。该藏书票采用丝网版制作，深沉的黑色的底色，衬托出咖色古建屋檐，显得古色古香。引人注目的是古建上的屋脊兽中的鸱吻，即龙的九子之一，传说鸱吻喜欢四处眺望，故饰于屋檐上。屋檐上还有一溜小兽，应是狮子、天马、海马、狻猊、狎鱼、獬豸、斗牛、行什之类。藏书票的左边写"2008 BEIJING"，表达了对邓亚萍申奥贡献的致敬。宏大的事件，只取故宫古建一角，表现了古老中华文化的博大精深及古都北京的神奇魅力。

◆ 国图珍藏·
甲骨文发现百年纪念

◆ 邓亚萍藏书

刘硕海1999年作

刘硕海作

◆ **冯骥才珍藏**　　　　　　　　　　◆ **王蒙珍藏**

刘硕海作　　　　　　　　　　　　　　刘硕海作

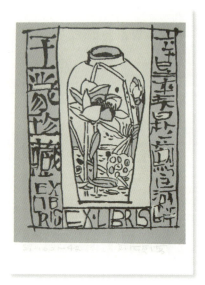

◆ 阿年藏书

刘硕海2001年作

冯兆平：自有一分沉醉

《兆平藏书》藏书票的画面上，两位古人慷慨豪迈，气吞山河，大有饮尽长江黄河之势，将中华酒文化的底蕴表现得淋漓尽致。

冯兆平1998年作

纵览冯兆平作品，可见海港喧嚣、波涛奔涌、落日余晖、浪潮起伏、渔火点点……冯兆平作画放笔纵横，挥洒自如，能得于笔情墨韵之外，求于意趣之中。其作品贴近生活，讲求意境，新颖独特，讲究笔韵，具有浓郁的地方情调和民族气息。

冯兆平的藏书票中朝气蓬勃之生命力，充分表达出画家的情思追求和理想寄托，具有浓厚生活情趣。欣赏他的藏书票代表作《倚绿居藏书（一）》《倚绿居藏书（二）》和《兆平藏书》，或心潮澎湃，意气风发，或安详宁静，神游物外。犹如于闹市街头之驻足聆听，闻弦歌而知雅意，万众喧哗之中，自有一分悠然沉醉。

◆ 倚绿居藏书（一）　　　　　　◆ 倚绿居藏书（二）

冯兆平1998年作　　　　　　　　冯兆平1998年作

李彦赟：感性又知性

"扣芳菲"是李彦赟的一组系列藏书票，笔者所见这套藏书票至少有七张。

扣，总是令人想到门，其实，你想到的是"叩门"，即敲门。李彦赟的这组藏书票都刻画有门，题名"扣"，并非"叩门"。

"扣门"和"叩门"的意思是有一定差异的。扣的本义是用手拉住、牵住，亦有捆绑、拘束的意思。

那么，"扣芳菲"就有了双重寓意，一重寓意是芳菲被关闭和束缚在门内了，一重寓意是叩开芳菲之门。当然，艺术是多向度的，在开和关之间，或许还有一重寓意是：叩问芳菲。

从画名就可看出，李彦赟构思时想到的不仅仅是画面构图，还将哲学思维注入艺术。她是感性的画家，也是知性的。"扣芳菲"系列藏书票，每一张都有古老的门扉，门上都有一个或一对门扣，有的是狮口衔环门扣，这是传统的象征。这门和门扣，扣住了满院芳华；然而，满园春色又是关不住的。

李彦赟生长于山西，全国大半的地面文物都保存于此，那里有很多老院落、老房子，穿行于这些古老建筑之间，李彦赟耳濡目染，对古屋老门有深刻的感悟，她有感而发，诉诸笔端。谈到"扣芳菲"系列藏书票，李彦赟

◆ 扣芳菲（一）　　　　　　　　　　◆ 扣芳菲（二）

李彦赟2013年作　　　　　　　　　　李彦赟2013年作

说："描绘了山西传统大院中门的局部，打开这扇门会有不同的惊喜，不同的构成。"

"扣芳菲"系列藏书票采用铜版技法，构图讲究，别具匠心，技法锐意创新，色调沉稳和谐，富有深厚的中国传统文化意蕴，在国际上甫一亮相，就深得青睐和好评，获得第35届西班牙国际藏书票展荣誉提名奖。

◆ 扣芳菲（三）

◆ 扣芳菲（四）

李彦赟2013年作　　　　　　　　李彦赟2013年作

　　从这六张藏书票的题名看，它们又都属于生肖藏书票或贺年藏书票。然而，李彦赟的生肖贺年与众不同。其他艺术家的生肖贺年藏书票主体都是生肖动物，李彦赟的这六张生肖贺年藏书票主体皆非如此，依然是画她喜欢的老房子和老房子周边富有生命力的花卉植物，画她的花窗古门、山石远景，画她的文房四宝，古典雅韵。

　　李彦赟对玉兰花情有独钟，每一张生肖藏书票都有玉兰花。在门前、窗口、书房，在古亭山石之间，玉兰花恣肆绽放。年年岁岁花相似，岁岁年年人不同，玉兰花是对时光的留恋，是对新年的期盼，是对故人新友的祝福。

◆ 丁酉吉祥　　　　　　　　◆ 戊戌吉祥

李彦赟2017年作　　　　　　李彦赟2018年作

◆ **己亥吉祥**　　　　　◆ **庚子吉祥**

李彦赟2018年作　　　　　李彦赟2020年作

◆ 辛丑吉祥　　　　　　　　　◆ 壬寅吉祥

李彦赟2020年作　　　　　　李彦赟2020年作

　　李彦赟以女性特有的敏感，捕捉生活中不经意的诗意，加以感性而细腻的描绘，赋予静止的物象跃动的生命，使生机勃勃的植物饱含情感。她的藏书票执着于用西方铜版技法表现中国传统元素，东西合璧，熔古铸今，情景交融，拓展了东方审美的意蕴空间，初步形成了她别具一格的艺术风格。

◆ 聊斋之小倩和宁采臣　　　　　　◆ 梁山伯与祝英台

李彦赟2020年作　　　　　　　　　李彦赟2019年作

邵明江：敦煌交响

《自强不息》是邵明江的早期藏书票，创作于1988年。当时，中国改革开放风起云涌，国运昌盛，国人精神抖擞，意气风发，为振兴中华而拼搏成为当时最强音。

彼时亦是中国藏书票事业伴随国运蓬勃发展之时，邵明江有感于此，创作了这张藏书票。

藏书票以代表中华传统文化精髓之一的圆形八卦构图，一红一黑，金色火焰围绕圆形向着顺时针方向燃烧，犹如凤鸟翔舞。左边巧妙地将藏书票拉丁文字母围绕圆球，融入火焰凤鸟之中。

火焰源自中国远古神话凤凰涅槃，象征中华民族浴火重生。

圆形八卦图中草书10个金色大字："天行健，君子以自强不息"，语出《易经·乾》，寓意宇宙不停运转，人应效法天地，刚毅坚卓，发奋图强，不断进步。

2001年是发现敦煌藏经洞暨敦煌学诞生100周年。

邵明江于2000年为"纪念敦煌藏经洞发现百年"而创作的《北大珍藏》，构图宏伟、意境优美。

◆ 自强不息　　　　　　　　　　◆ 北大珍藏

邵明江1988年作　　　　　　　　邵明江2000年作

孙玉洁：古典读书图

　　孙玉洁是一位探索型艺术家，努力追求独特的艺术语言。在这组藏书票中，孙玉洁善于运用密集的点线造成鲜明的艺术效果。

　　《富德堂藏》藏书票采用破碎的蛋壳，营造出冰裂纹的效果，有一种极富冲击感的艺术魅力。

◆ 富德堂藏

孙玉洁1992年作

　　孙玉洁创作的"香港回归纪念"系列藏书票，以古鼎、古钟等古物为主图，在书票中的古典器物上刻有"莫忘国耻""香港回归祖国"等字样，显得庄严凝重，雍容大度。

◆ 香港回归纪念·莫忘国耻　◆ 香港回归纪念·香港回归祖国

孙玉洁1997年作　　　　　　孙玉洁1997年作

　　孙玉洁吸收年画、泥塑等民间艺术养分，融合民间图案造型，创作了手持龙形拐杖和仙桃的大脑门寿星形象，充满吉祥喜庆。

◆ **文峰藏书**

孙玉洁1986年作

张信让：南粤渔家

张信让的藏书票代表作是"南粤渔家"系列，这套藏书票共有四张，分别为四位女弟子而作，她们是：闪隽、凤玲、艾静、左清。

这是张信让的学生中，最有才华的四位女学生，也是他最欣赏的四位女学生，他为她们每人创作了一张藏书票，以表彰和奖励她们学习上的勤奋和进步。

这四张藏书票借鉴山东高密木版年画《渔家乐》，表现了古代渔家生活场景，无论是题材、情趣，还是生活场景和画面风格，都是明清时代的。

或表现劳动场面，或表现天伦之乐，或表现夫唱妻和，一切都显得和谐、丰美、闲适、淡泊，就像戏剧中的场景一样，每一幅书票都是一幕精彩的情景。

情节徐徐展开，舒缓有度，有条不紊，谋篇布局极有章法，远山近水，天人合一。古雅的旨趣，超然的情怀，令人深深迷恋。

边饰纹线更加强了这种古意。

高超的技法加上高雅的情趣，和古典的精神结合，才能诞生这幽古袭人、魅力四射的动人艺术。这里选取四枚，窥一斑已可知全貌。

◆ **闪隽藏书**　　　　　　　　◆ **凤玲藏书**

张信让1994年作　　　　　　张信让1994年作

　　张信让是中国丝网版画高手和大师。一般的丝网版画家都难以完美处理细密线条，而他的丝网版画中，细密如发丝的纹线，竟达到毫无破绽、浑然天成的境地。

　　将丝网版技法运用得如此得心应手，游刃有余，20世纪90年代，在中国丝网版高手中，张信让似乎一骑绝尘。

◆ 左清藏书

◆ 艾静藏书

张信让1994年作

张信让1994年作

山丹：水墨效果

打开的书，有绅士飘然而出，有美女袅娜而出。

打开的书，有遥远的世界。

如果合上了书，世界就失去了色彩。

如果合上了书，就关闭了明澈的心泉。

山丹的《开卷有益我爱读书》和《读书可知天下事也》藏书票一动一静，在木版上创造出国画水墨的效果。

◆ **开卷有益我爱读书**　　　　　◆ **读书可知天下事也**

山丹1990年作　　　　　　　　　　山丹1990年作

陆放：狮子纽古印

《龙权藏书》藏书票刻画了一枚带狮子纽的古印，从金光闪闪的放射点看，这是一枚象征皇权的古印，当是珍贵文物。虽只是一枚小小的印章，但陆放精雕细刻，一丝一点都不马虎，充分体现了老艺术家精益求精的艺术精神。

◆ **龙权藏书**

陆放2004年作

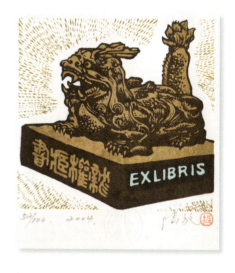

宁积贤：年画《馗首》入书票

作为山西省临汾市年画院院长，宁积贤创作的《馗首》藏书票，借鉴了平阳年画的构图。宁积贤创作有木版年画作品20幅，手绘年画10多幅。这些作品参加全国展览，包括1975年全国年画展，那年他获得了全国优秀作品奖、山西省一等奖。他说："从民间年画里面，我学习了一些东西，看民间艺术，从中可以获得一些营养。"这张《馗首》藏书票，就是民间年画滋养的结果。

◆ 尵首

宁积贤2001年作

朱健翔：汉唐气象

　　《健翔之书》藏书票画面上两件雕塑为古代木雕，呈现出沉雄、恢宏的汉唐气象。拱门的设计，仿佛一扇打开的中华文明之门，透过两件雕塑，可见文明的源远流长、博大精深。

◆ 健翔之书

朱健翔2008年作

张克勤：气象万千

即使是古典的屋檐、佛教神像题材，张克勤的藏书票画面依然是满满的喜庆、浓艳的色彩，但色彩艳而不俗，呈万千气象。

◆ 丹长江藏书

张克勤2005年作

刘琛：想象的留白

刘琛的藏书票刀法娴熟、准确、精到，浑然一体，风格清秀、纤细，一丝不苟，细腻明快，具有很高的艺术水准和收藏价值。

艺术贵在简洁，以少胜多。深山藏古寺，都画树木掩映中的古寺，不足为奇。不见古寺，但见挑水的和尚，才显出深山古寺之幽深。

刘琛的寺庙不见寺庙，但见寺庙屋檐的一角、一只风铃，空白留给观者无限的想象。

◆ 刘琛书票

刘琛1990年作

冀荣德：衣袂飘飘的飞天

　　这四张藏书票以敦煌壁画飞天构图。飞天是几乎所有艺术家都乐于表现的题材，飞天意为飞舞的天人，是敦煌莫高窟的名片和标志，在敦煌莫高窟492个洞窟中，几乎每窟都画有飞天，总计4500余身，至今惊艳中外游客，中外艺术家奔赴敦煌欣赏飞天被称为艺术朝圣。

　　冀荣德创作的这组藏书票里的飞天，衣袂飘飘，舞姿妙曼。作者在简陋的赭色纸上，以白色的水彩印出飞天在苍穹中曼舞的各种姿态，不求精细，但求古朴，风格粗犷，更显雅致。

　　冀荣德创作藏书票注重对主题内容在格调上的提升，并反复修改和强化。在画面的处理上，他常常将仕女与花作为表现的媒介，人与花同框、人与音乐为伍、人与空灵相伴。画面上，窈窕美丽的飞天用她们的肢体展示着梦幻与希冀。

◆ 可杨（扬）存书

冀荣德1996年作

◆ 延祥书室

冀荣德1996年作

◆ 文冠书宅　　　　　　　　　　◆ 振华家书

冀荣德1996年作　　　　　　　冀荣德1996年作

远古彩陶、线装古籍，都是中华文明的代表，背后承载的是一部厚重的文化史。作者采用这两件文物，表明了对中华传统文化的喜爱和尊重。

只表现这两个物件，画面通常会显得单调，作者对古籍和彩陶作了变形处理，古籍封面页的边缘呈波浪线条，彩陶则故意塑成歪歪扭扭的形状，符合远古彩陶的古拙面貌，彩陶瓶上绘以飞禽和水鸭等纹线，单调的画面变得活泼有趣多了。

◆ 荣德珍藏

冀荣德1996年作

王昆：想象纷呈

　　《求福》藏书票采用麻胶版刻印，画面上分成两半的福字，两扇打开的门中间，是睁大双眼的威严门神。手中的斧头，让人想起明代祝枝山诗《门神赞》："手持板斧面朝天，随你新鲜只一年。厉鬼邪魔俱敛迹，岂容小丑倚门边。"

　　门神辟邪驱鬼，祈福纳祥，这张藏书票作品意为祈求福运降临。

　　古老的虎头门环、两两相对的身材丰满的女子……看似随意的画面，其实都与福字有关，与门神有关。门神守护我们的家园，守护我们的幸福生活。这张藏书票以别样的视角、独特的构图，表现了中华福文化和门神文化。

◆ 求福

王昆2010年作

王昆早年的藏书票多呈抽象的象征派意象，有些画面甚至是晦涩费解的，近年他的创作渐渐趋于明朗和清晰，有一种绚丽归于平淡的境界。具象的美似乎能获得更多人喜爱，这张藏书票就是他的这类藏书票代表作之一。

画中描绘了一位富有古典气质的女子，她有着娇美的面容、窈窕的身姿。她端坐窗前，手中的书搁在膝盖上，仿佛刚刚看完其中一段文字，触动心弦，若有所思。

窗外白云悠悠，令人想起明代洪应明的《菜根谭》中的一联："宠辱不惊，看庭前花开花落；去留无意，漫随天外云卷云舒。"或许，触发创作灵感的就是一个古典的意象、一句古人的话。

一切都是古雅的，榫卯的红木桌椅，冒着热气的茶壶茶杯，布满花纹的花瓶，花瓶中含苞待放的莲花——这莲花又令人想起宋代周敦颐的《爱莲说》："予独爱莲之出淤泥而不染，濯清涟而不妖"。

端坐窗前的读书女子，是不是让你感受到了"香远益清，亭亭净植"的韵味。

小小的画面在层次感和纵深感中，丰富的传统文化底蕴令人回味无穷。

◆ **王昆藏书**

王昆2021年作

周志清：妙不可言的砖雕画

砖刻藏书票是在砖头上刻版印制的藏书票，是利用中国传统的石刻艺术和篆刻方法在砖头上刻画的一种艺术手段，刻出砖版后再用宣纸拓印而成。

周志清的砖刻版画采用的砖，就是建筑用的青砖和红砖，后来，他定制了一批适用的瓦板，解决了材料问题。

砖刻拓印版画的材料成本和时间成本较高，很多版画艺术家对砖刻绕道而行，年轻人中熟知砖刻艺术的也越来越少。周志清始终坚持并乐在其中。

周志清还采用了一些综合材料和方法，将篆刻技法移植到砖刻创作中，不断研究探索冲、切刀法，追求金石效果。他说，以宣纸拓印，刀痕、版痕都能清晰体现，又可以一版多色，手拓时借助抑扬顿挫、轻重缓急，灌注其中许多想法和情感，别有一番韵味。

在藏书票技法中，木版、铜版、丝网版是主流，砖版创作者极少，尽管创作砖刻版画藏书票的过程十分辛苦，但学术界和艺术市场对此认知度并不高。因此，在这条寂寞之道上，周志清也曾产生过动摇。手磨破了，他就暂停下来画水彩画，心刻寒了，就拿起钢笔画素描，调剂后，再重新拿起刻刀。

周志清谦称他的砖刻版画藏书票不是创新，只是对民族文化的挖掘和继承。周志清的砖刻藏书票有些是传统题材，还有很多是现代题材，他采取夸张、变形的现代表现手法，与传统技法相结合，既古典又现代，既具象又抽象，耐人寻味。

从这几张砖刻藏书票可以看出，周志清的砖刻藏书票吸收了汉画像石（砖）的阳面刻阴线和西方木刻的明暗法，采用中国画和壁画构图，常以各种书体的汉字做背景和衬托，使作品集绘画、书法、篆刻于一体，既有中国画面貌，也有西洋画风格。这些砖刻藏书票因版面粗糙、颗粒大，具有粗犷豪迈的鲜明特点。

创作砖刻藏书票的同时，周志清还创作了一些铜版藏书票。这些铜版藏书票很多是以他的钢笔素描和钢笔速写为原图创作的，如《海会》《郁田藏书》等，都是先有钢笔素描或钢笔速写，再有藏书票。

素描和速写是一个画家的基本功，从这些藏书票可看出，周志清非常注重基本功的修炼，他的写实造型能力相当强。将藏书票与他的素描和速写比对欣赏，可以看出他的钢笔素描和速写线条细密，笔触奔放，显然是花费心血之作。这些钢笔画既有西方钢笔素描的技法，也借鉴吸收了木刻的线条、铜版画的暗部多层画法，还吸收了中国画的写意行线，将多种技法融会贯通，显示出周志清深厚的艺术积淀和多方面的才华。

◆ **海会**　　　　　　　　　◆ **郁田藏书**

周志清2000年作　　　　　　　周志清2000年作

　　其中"中国古代钻井、采气技术"系列铜版藏书票，构图令人耳目一新，以古籍文字作为画面的背景和衬托，乍一看来，以为是古籍和古代版画的复制。笔者曾就此采访周志清，他说，这组铜版画是采用钢笔绘画创作的，其中的文字也是钢笔书写。如此工整的文字、谨严的线条、繁复的画面，采用钢笔绘画，需要花费他多少心思和心血！

　　将钢笔素描和速写原稿图引入藏书票，周志清作出了可喜的尝试。这些藏书票表现出了周志清坚实、高超的基本功，还有他精益求精、一丝不苟的严谨态度。

◆ 中国古代钻井、采气技术（一）

◆ 中国古代钻井、采气技术（二）

周志清2005年作

周志清2005年作

中国吉祥动物中，有四种动物闪耀着奇妙的光环，腾挪跌宕在中华文化长河中，这就是四灵，又称四异兽、四象、四神等。古人想象中，青龙、白虎、朱雀、玄武作为镇守天官的四神，辟邪恶、调阴阳。

周志清于2021年创作"四灵"套票，采用圆形瓦当造型，瓦当中为四灵形象，其中一张阴刻，三张为阳刻。背景为与四灵相关的诸多人物图案。在周志清的意象中，青龙代表战争，背景是攻城战争场面；白虎代表法律，背景是抓犯人，在白虎大堂审案；朱雀代表礼仪，背景是出行、待客、孝道、尊老爱幼等各种礼仪场面；玄武代表工程建筑，背景是楼宇桥梁及建筑工地场面。

"四灵"系列藏书票共四张，采用砖刻拓印，每张一色，色彩讲究，构图别致。

◆ 四灵·青龙   ◆ 四灵·白虎

周志清2021年作   周志清2021年作

◆ 四灵·朱雀

周志清2021年作

◆ 四灵·玄武

周志清2021年作

作为一个传统文化爱好者和古典艺术痴迷者，周志清对汉画像石有难解的情结，这不仅体现在他的很多传统题材都大量使用汉画像石背景上，还体现在他这套"汉痕古韵"系列藏书票里。

"汉痕古韵"系列藏书票中，周志清直接将汉画像石代表性作品作为藏书票主图，背景布满密密麻麻的小人物，朦朦胧胧亦具汉画像石韵味，但看不清取自哪一幅汉画像石图。周志清笑道："我也不知道取自哪一幅汉画像石图，都是我想象的，随便画的。"随便一画，就是汉画像石风格，可见，这已经深深融入他的大脑，渗透于他的血脉中。"汉痕古韵"系列藏书票的票主为天泽书店。天泽书店是天津一家富有文化品位的书店，经营藏书票，传播中外藏书票文化。

在艺术上，"汉痕古韵"系列藏书票构图采用不规则的形状，犹如汉画像石残片，契合"汉痕古韵"的特点；画面通过一条白色压痕线一分为二，图案占三分之二画幅，"天泽书店"四字和"书票"印占三分之一画幅，布局清晰。四张藏书票的色彩均为三色，黑色为汉画像石图，主色为背景色，"天泽书店"为配色。三个色块相互照应，冷暖分明，搭配协调，鲜明悦目。

◆ 汉痕古韵（一）　　　　◆ 汉痕古韵（二）

周志清2021年作　　　　周志清2021年作

　　"畅通无阻·中华经络"系列是周志清一个独特的藏书票专题。有人将中医题材引入藏书票，但尚未看到有人将经络做成藏书票的，可以说这一藏书票题材是周志清的首创。

　　不仅是首创，以"畅通无阻"作为总题，这四字可谓点睛之笔，是理解这组藏书票的眼和魂。《畅通无阻·中华经络（一）》以外的四张藏书票，每张右下都刻有一个字，分别是"畅""通""无""阻"，四张藏书票合起来就是"畅通无阻"，这一别致安排，妙趣横生。

　　五张藏书票颜色各不相同，分别刻有一椭圆形印章"养生书票"，与圆形红色印章"中华经络"相映成趣。更为有趣的是，每个古人身上都有一条红色经络，令人莞尔。

　　谈到这套藏书票，周志清对笔者说："理解了书票上面的字'畅通无阻'，就理解了这套藏书票。古人说'痛则不通，通则不痛'，中国传统经络学说博大精深啊！"有感于此，他有了这套书票的构想。

◆ 畅通无阻 ·
中华经络（一）

◆ 畅通无阻 ·
中华经络（二）

周志清2021年作

周志清2021年作

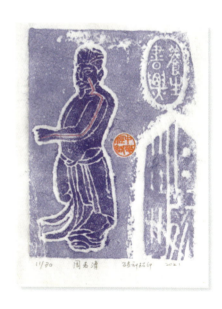

◆ **畅通无阻·**
中华经络（三）

◆ **畅通无阻·**
中华经络（四）

周志清2021年作

周志清2021年作

◆ 畅通无阻 ·
中华经络（五）

周志清2021年作

　　"交通工具"系列藏书票，似乎为我们展开了一部中国古代交通史。从骆驼到轿子，从牛车、独轮车、船到人力车，一套藏书票，让我们看到中国古代交通工具演变的漫长道路。

　　从考古发掘看，早在3000多年前的商代，我国就发明了车，当时的车为独辕、双轮。秦朝以前的车分为"大车"和"小车"，"大车"指用牛拉的车，"小车"指由马拉的车。周志清创作的"交通工具"系列据说有10张，除了这六张，还有马车等。

　　画面不是以纯色作为底色，而是以古代篆书文字作为背景，这些文字都与交通工具有关，为画面增添了古雅之趣。

　　"交通工具"系列藏书票获得第四届全国藏书票大展优秀作品奖。

◆ 交通工具·骆驼　　　　　　◆ 交通工具·驴

周志清1992年作　　　　　　周志清1992年作

◆ 交通工具·牛车

◆ 交通工具·独轮车

周志清1992年作

周志清1992年作

◆ 交通工具·船 ◆ 交通工具·轿子

周志清1992年作 周志清1992年作

张翔：岁月的沧桑

张翔的"仕女图"藏书票取材自永乐宫壁画，聚焦仕女的丰腴面容，呈现盛唐气象。

张翔对古典建筑兴趣盎然，乐此不疲。"遗址"是建筑遗址，"松江版画院成立纪念"系列藏书票表现的是古老的门楼，也是建筑。张翔营造出一种朦胧的、淡淡的色调，赋予了画面清晰的历史感。

◆ 仕女图（一）　　　　　◆ 仕女图（二）

张翔1995年作　　　　　张翔1995年作

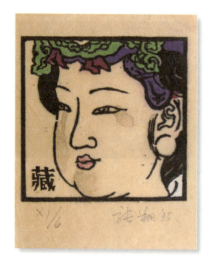

◆ 遗址（一）　　　　　　　◆ 遗址（二）

张翔2016年作　　　　　　　　张翔2016年作

◆ 松江版画院成立纪念（一）　　◆ 松江版画院成立纪念（二）

张翔2012年作　　　　　　　　　　张翔2012年作

聂雁龙：老油灯与古仕女

在电气化的当代，从20世纪初开始，油灯就由城市到农村逐渐被淘汰，被电灯取代。然而，那些消失的东西往往还能唤起我们的回忆和留恋，这就是凝结在物品之上的文化，它成为收藏品，乃至成为博物馆的文物。

"怀旧·油灯"系列藏书票共三张，每张表现一盏老油灯，都采用绝版木刻油印技法。三盏油灯形状各异，在光的表现上颇具特色，分别采用逆光、顺光和侧光表现，突出了油灯的立体感。

每盏油灯都衬有背景色，背景的处理完全不同，一张是采用整体色彩统一的不规则的斑点；一张采用深绿色背景，油灯周边辅以浅色形成高光，三角刀密集刻出向两边扩散的三角斑点；一张采取纯然的黑色。

冷色的深沉背景，凸显了不同油灯的怀旧意味。其中《怀旧·油灯（三）》中，直直向上的火苗，在黑暗的背景下，更显光影焕然，给人身临其境的感觉。如果是油画或国画，达到这一效果并不难，木版画带来如此真实的体验，似有点儿难以置信。真不知聂雁龙是如何做到的！

◆ 怀旧·油灯（一）

聂雁龙2012年作

◆ 怀旧·油灯（二）

聂雁龙2012年作

◆ 怀旧·油灯（三）

聂雁龙2012年作

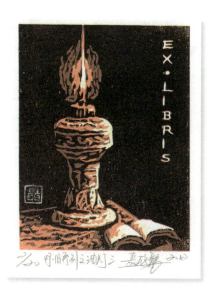

或持扇立于石旁花下赏花，或持扇坐于荷花池畔，是古典仕女图常见的画面。聂雁龙于2020年创作的套色水印木版"仕女图"系列藏书票，表现了古典仕女的思春之情。美好年华如花绽放，对爱情、生活的憧憬思绪纷纷，幽怨中有所期待，期待中有所内敛，微妙的心理通过面容神情和手的动势表露无遗。

其中木刻藏书票《雁龙珍藏（二）》于2020年荣获复旦大学"向传统致敬·中国水印藏书票特展"优秀奖。

◆ 雁龙珍藏（一）　　　　　　　◆ 雁龙珍藏（二）

聂雁龙2020年作　　　　　　　　聂雁龙2020年作

张丰泉：刚柔相济

恭捧古书的男子，仿佛明清小说中走出来的人物。

文弱书生不胜书的重负，却甘愿为书消得人憔悴。藏书、爱书、对书的痴迷，可见一斑。

《卢静臣藏 明清小说》藏书票的风格是阴柔的，而《欧阳文安藏书（门神图）》藏书票的风格则是阳刚的。在张丰泉的藏书票中，阴柔与阳刚辩证统一。

◆ 卢静臣藏　明清小说　　◆ 欧阳文安藏书（门神图）

张丰泉作　　　　　　　　　　　张丰泉作

仿佛汉朝的牛耕、隋唐的明月，加之词曲、小说中走出来的人物……张丰泉的古典意韵藏书票将我们带到了一个个思古之幽情的时代。这几张藏书票，弥漫着传统文化的书香。

张丰泉的藏书票是真正的"纸上宝石"，小巧玲珑，精致典雅，大多为油印套色木刻，线条有力，刚柔相济。

◆ 常乐藏书　　　◆ 欧阳文安藏书（牛耕图）

张丰泉2000年作　　　　　　　　　张丰泉1999年作

冉茂魁：永乐宫仕女

　　冉茂魁创作的"永乐宫仕女"系列藏书票，取材自永乐宫壁画，每一张表现一个仕女的肖像，犹如特写镜头，撷取了最具代表性的画面，然而，这些画面不是永乐宫壁画的简单复制，而是艺术的升华，赏心悦目又具鲜明的个人风格。

◆ **永乐宫仕女**

冉茂魁2003年作

郁田：书香养高情

　　郁田的藏书票意象繁复、意蕴丰满、言近意远，这也是他一以贯之的艺术风格。在代表郁田独特风格的古典雅韵藏书票中，每一张都图文并茂、古色古香，有着深刻的文化内涵和深远意境。除了《龙矫生浩气　书香养高情》，还有《不可一日无此君》《无车少弹剑　有肉多读书》《有书真富贵　无读不丈夫》《布衣暖菜根香　诗书滋味长》等。

　　诗言志，这些藏书票创作体现出了一种淡泊明志、超越物欲的人格和精神追求。在郁田的书票中，令人喜欢的作品还有很多，但最令人神往的还是他的古典雅韵藏书票。

◆ 龙矫生浩气　书香养高情　　　　◆ 不可一日无此君

郁田1995年作　　　　　　　　　　　　郁田作

在《无车少弹剑 有肉多读书》藏书票里，郁田引用了《战国策》中的两个典故，一个是《冯谖客孟尝君》中，冯谖三次弹剑说"食无鱼""出无车""居无所"。

郁田曾笑对笔者解释说："无车少弹剑的意思是待遇不好不要发牢骚。"下联的典故出自《曹刿论战》的"肉食者鄙，未能远谋"，奉劝那些生活条件好了却不读书的人"要多读书才能有远谋"。

透过这些哲理，窥视到的是一颗慧根高古的禅心，绿草丰茂中的一泓澄澈的碧湖。在弥散着浓厚的商业气息的社会氛围中，这淡泊名利的湖泊中飘逸而出的书卷气令人沉醉。

《有书真富贵 无读不丈夫》藏书票，这尺方的天地中，古典的清风拂面而来，凝聚着深厚传统文化气息的藏书票展示在我们眼前，这正是郁田设计创作的。五框人与动物图表现了古人的生活画面，有求索、奋进、仁爱、和合、竞争的意蕴。

◆ 无车少弹剑　有肉多读书　　◆ 有书真富贵　无读不丈夫

郁田作　　　　　　　　　　　　郁田作

《布衣暖菜根香 诗书滋味长》藏书票和《有书真富贵 无读不丈夫》文字不同，但构图基本一样。

古朴痴拙的刻刀下，人身蛇尾的女娲和伏羲在两旁翩然飘升，四角四个八卦图中置"郁田珍藏"四字。另有四框动物图表现奋进、母爱、和平、竞争的意蕴，这张藏书票的整个画面端庄凝重，沉雄朴茂。

◆ **布衣暖菜根香 诗书滋味长**

郁田1995年作

147/200 　　郁田'95.

甘畅：古代玉鱼

这张藏书票的构图规整，上下是古代玉器中的两条玉鱼，皆截为三段，分为鱼头、鱼身和鱼尾，头尾左右错落，循环有致。图案的四角采用古代青铜器和玉器常见的夔纹，夔纹也叫夔龙纹，夔龙纹和玉鱼是中国传统纹饰的典范，亦是中华文明的象征，两者同构一图，再配合篆刻印章，古色古香。

对应、均衡和规整是这张藏书票的特点，但绝不呆板。规整是因为票主的名字，"李氏刚田藏书"设计成为一方篆刻印章，置于正中，整幅画面的设计理念和构成，都围绕票主名字中的"田"字。是的，图案造型就是一个田字。围绕这个字，整合了多种艺术元素。不觉感悟作者的巧思，这张看似严谨的藏书票，也变得灵气飞扬起来。

◆ 李氏刚田藏书

甘畅2011年作

曹广胜：汉画像石效果

　　曹广胜的两组以佛教故事汉画像石为题材的藏书票
及汉画像石藏书票，均取材于古代石刻和壁画中的人物，
或线条苍劲，或用刀矫健，意境悠远，风格古朴，厚重灵
动，造型准确而生动，具有汉画像石拓片的艺术效果。

◆ 中有藏书　　　　　　　　　　◆ 大胜藏书

曹广胜2003年作　　　　　　　　曹广胜2003年作

◆ **文龙藏书**　　　　　　　　◆ **陈宏藏书**

曹广胜2003年作　　　　　　　曹广胜2003年作

◆ 昆仑雀藏书

◆ 茂魁珍藏

曹广胜2003年作

曹广胜2003年作

郑作良：壶里有乾坤

郑作良曾任中国美术馆收藏部主任，对中国文物具有深厚的感情和深刻的理解。郑作良的这组古瓷壶构图工整中有变化，刀法遒劲而灵秀，壶上的图案简洁而丰富，银色的背景色呈现特殊的处理效果，以别具一格的形式展现中国传统文化。

◆ 作良之书（一）　　　◆ 作良之书（二）

郑作良2000年作　　　　郑作良2000年作

孙维国：茶与武术皆国粹

　　孙维国的这套藏书票以茶壶为载体，将太极拳等中华武术的一招一式雕刻其上。茶文化、中国武术都是中国国粹，具有中国传统文化的深厚底蕴，将两者合二为一，意味深长，壶宛若一个武术展示的舞台，表现了画家对传统文化的独特理解。

◆ 王嵘藏书

◆ 维国藏书

孙维国2000年作

孙维国2000年作

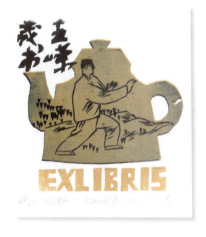

张波：秀雅青花瓷

张波的《青花瓷》藏书票中梅瓶造型秀雅，色彩沉着，银色的底色上，刻印的书法俊逸有神，有深厚的传统底蕴和文化品位。

◆ **青花瓶**

张波2000年作

毕崇庆：古代陶瓷

毕崇庆的古代陶瓷系列藏书票共五张，本书只收录了其中的三张，线条沉着，色彩和谐，表现出了中国陶瓷文化浑穆的雍容气度。

◆ 崇庆书室（一）

毕崇庆1999年作

◆ 崇庆书室（二）

毕崇庆1999年作

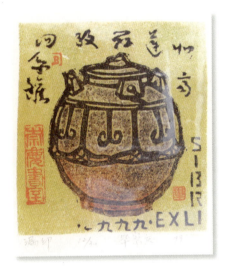

◆ 崇庆藏书票

毕崇庆1999年作

毕崇庆的这两张藏书票采取纸版漏印技法，《崇庆书室（三）》借鉴汉画像石题材，表现古人狩猎场面；《崇庆藏书》刻画古人施礼图，古朴肃穆，富有金石味。

◆ 崇庆书室（三）　　　　　　　　◆ 崇庆藏书

毕崇庆1999年作　　　　　　　毕崇庆1999年作

唐润华：憨拙陶罐

水波纹的陶罐，使我们仿佛听到远古的回声，粗糙憨拙的形态，让我们回到简单朴素的生活。几枚红果，赋予古物以生命。

唐润华的两张水印套色木刻陶罐藏书票风格浑厚，色彩沉着，刀法老到。

◆ 十竹之书   ◆ 丁丁的书

唐润华2000年作   唐润华2000年作

刘苏瑛：苍茫古亭

飞阁流丹，亭子牵引着古代诗人一种漂泊无定的愁绪。刘苏瑛似乎对古亭情有独钟，在她创作的这组水印套色木刻藏书票中，淡淡的色彩和朦胧的线条表现了苍茫古亭的孤傲和空寂，充满浓郁的古典文人情怀。

背景或飘逸一抹云影，或几只暮色中的飞鸟，或晓风冷月，都恰到好处地衬托出这种漂泊和挥之不去的愁绪。这一切，都源于作者对中国古典文化感性的独特理解。

刘苏瑛的这组水印藏书票，以苏州古典亭子为题材，尽展中国古代建筑之美，并感知和发掘中国古典文化内涵，赋予古亭活的灵魂。

这组以亭子为题材的藏书票，色彩淡雅，淡到犹如一个个柔若无骨的女子，在静寂中绽放低调的奢华。

◆ 刘苏瑛藏书票   ◆ 藏书

刘苏瑛2000年作   刘苏瑛2000年作

◆ 婴婴之书

刘苏瑛2000年作

◆ **小英的书**

刘苏瑛2000年作

周世荣：士子读书

似乎"读书做官"的目的已经达到，《世荣藏书》藏书票中的读书人悠然自得，也许案上的书只是摆摆样子罢了。

◆ **世荣藏书**

周世荣2000年作

李凌：离经叛道

　　活蹦乱跳的生命是无拘无束的，《朱凤娇藏书》中的顽童似乎执意要挣脱大人的约束。

　　《朱凤娇藏书》和《世荣藏书》的题材、画面完全不同，但两张藏书票透出的某些黑色幽默意味却是一样的。表面看来是弘扬读书和传统的"孝道"的，骨子里却充满了对此的悖逆。

　　李凌的《朱凤娇藏书》浓艳夺目，洋溢着自由生命离经叛道的激情；《世荣藏书》色彩素古单调，表现了古代枯寂的读书生活对人性的钳制。

◆ 朱凤娇藏书

李凌1998年作

丁立松：黑白陶器

　　流畅而古朴的纹饰，规整中又有变化的造型，在黑白艺术中，丁立松将古典陶瓷文化表现得生动而鲜明，简朴而丰富。

　　这些陶器富有原始社会时期半山型彩陶的特色，甘肃红山文化陶器的器型也在其中表现得淋漓尽致。半山型彩陶主要采用旋涡纹组成装饰，彼此勾连，有一种富有变化的节奏美。

　　这些陶器精巧繁密，饱满凝重，风格富丽，显示了作者深入的研究和丰富的古陶瓷知识。背景纹饰和大块黑色的设置，突出了这些陶器的艺术性，有照相般清晰的效果。

◆ 片野节子藏书（一）　　　　◆ 片野节子藏书（二）

丁立松1998年作　　　　　　　丁立松1998年作

◆ 片野孝志藏书（一）

丁立松1998年作

◆ 片野孝志藏书（二）

丁立松1998年作

邵天华：一种迸裂斑驳的效果

邵天华的石刻藏书票阴文浑厚苍劲，朴茂自然，充溢着生命力；阳文线质挺健自然，造型疏密有致，气韵可感。

◆ **珍珍藏书**　　　　　　　　　　◆ **三佛像**

邵天华1997年作　　　　　　　　邵天华1997年作

◆ 读万卷书　　　　　　　　◆ 行万里路

邵天华2001年作　　　　　　邵天华2003年作

◆ **车马出行图**　　　　　　　　　◆ **独饮**

邵天华2004年作　　　　　　　　邵天华2003年作

◆ **天华藏书·贵阳**　　　　　　　◆ **天华藏书·花溪**

邵天华1997年作　　　　　　　　　邵天华1997年作

◆ 教学相长   ◆ 藏书教人

邵天华2005年作   邵天华2005年作

邵天华的石刻藏书票风格苍劲古朴，有浓郁的徐州汉画像石神韵，如四灵图系列等，皆石刻创作，多采用青田石、寿山石，有一种迸裂斑驳的效果。为了构思制作一张藏书票作品，他每每在草图上反复推敲，几易其稿，直到满意为止。在这"磨艺"的过程中，他获得的是精神上的愉悦、艺术上的丰收，最终形成了他的石刻藏书票独具的风格：浑朴丰茂，古雅自然。

◆ 朱雀   ◆ 玄武

邵天华2000年作   邵天华2000年作

◆ 青龙

◆ 白虎

邵天华2000年作

邵天华2000年作

◆ **子逸藏书**

邵天华作

侯君波：时光如水

侯君波的一组黑白丝网版古陶器藏书票线条流畅、灵动而古朴。

波纹似水，时光如水，在水流的回声中，我们听到"逝者如斯"的慨叹。

而这些古朴的陶器，曾存有远古的流水。

◆ **君波珍藏（一）**　　　◆ **君波珍藏（二）**

侯君波2000年作　　　　　侯君波2000年作

陈豪：壶上纵马

　　古拙的壶上印画着骑马的场景，朦胧而又幽美。陈豪的《宽宏藏书》藏书票表现出了一种深远的趣味。

◆ **宽宏藏书**

陈豪1988年作

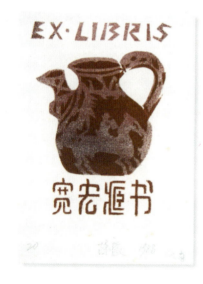

孙志华：缥缈的佛国

似中国古代陶俑，似古代青铜器，又似非洲木雕，莲花底座和佛光云彩将视线带入缥缈的仙境。

孙志华的这套佛教艺术藏书票将油画风格和装饰画效果带入藏书票艺术，古朴而抽象，有独特的表现力。

◆ 亚文珍藏　　　　　　　　◆ 亚文珍存

孙志华1998年作　　　　　　孙志华1998年作

◆ 亚文藏书票

孙志华1998年作

◆ 亚文书票

孙志华1998年作

陈玉其：黑白造像

　　陈玉其的五张佛像黑白木刻藏书票线条细密精致，形象优美，造型生动，将质朴的木刻艺术与佛教文化结合，具有纯正的东方文化特征，跳出窠臼，达到了传神与气韵的至高境界。

　　佛教文化是中华文化的一个重要组成部分，佛教文化的深广、丰富、朴素、纯正，都可以通过黑白木刻进行充分表现。20多年来，陈玉其选择佛教版画这一独特的题材领域进行创作，早在世纪之交就已经完成了70平方米的佛教版画，逐步形成了个人风格，作品日渐为社会所认可。他说："佛教版画的创作使我找到了一种最好的生命存在形式！佛教木刻的创作过程确实很累，我是背着一块巨大的石板的朝圣者，艰难地移动着每一步。"

　　透过这小小的五张藏书票，可以看出他坚定而执着的艺术实践结出的硕果。

◆ 明旸藏书　　　　　　　　　　　　◆ 妙善藏书

陈玉其1998年作　　　　　　　　　陈玉其1998年作

◆ **朴初藏书**　　　　　　　◆ **明开藏书**

陈玉其1998年作　　　　　　陈玉其1998年作

◆ **妙湛藏书**

陈玉其1998年作

杨爱群：充满神秘诗意

湖北画家杨爱群的一组飞天铜版藏书票，以腐蚀版和飞尘技法，表现了敦煌壁画中的飞天形象。

朦胧的底色蕴有淡淡的光影变化，飞天如同在浩渺的夜空中飞翔飘逸。衣裙和飘带的线条流畅而细致，一切都显得轻盈、妙曼而静谧。杨爱群的"君羊藏书"系列藏书票墨色和谐，构图均衡一致，耐人寻味。

杨爱群的这组飞天藏书票作品有着东方女性典雅细致的审美特质，其题材体现着传统与现代、哲理与诗情的统一。画面柔情中见含蓄，祥和中见清新，犹如朦胧的梦境、幻影，充满神秘的诗意。

◆ **君羊藏书（一）**

杨爱群作

◆ 君羊藏书（二）

杨爱群作

◆ 君羊藏书（三）

杨爱群作

　　杨爱群还擅长丝网版藏书票创作，这组丝网版藏书票中的观音像和佛像既有超凡脱俗的神圣庄严，也有世俗人间的感情，技法娴熟而自如。

◆ 爱群藏书（一）　　　　　◆ 爱群藏书（二）

杨爱群作　　　　　　　　　杨爱群作

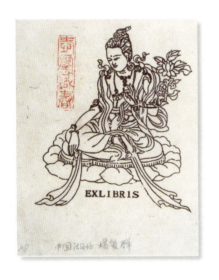 

陈乐生：写意和传神

在深沉的底色中，陈乐生的飞天和佛像运用了套色技法，注重写意和传神，产生既明晰又朦胧的艺术效果。

◆ 陈沫藏书

◆ 皋兰藏书

陈乐生作

陈乐生作

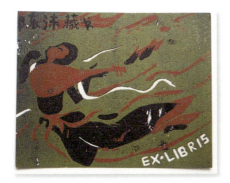

◆ 乐生藏书

陈乐生作

◆ **佛像**

陈乐生作

朱燕：佛手之妙

朱燕的佛手纤巧优雅，线条细腻生动，佛手执莲花，或手执纤草，配合手指的动作姿态，仿佛使人看到拈花一笑的佛。

◆ 佛手（一）　　　　　　　◆ 佛手（二）

朱燕2000年作　　　　　　　朱燕2000年作

文牧江：莲花开处见佛手

文牧江笔下的佛手是艺术化的佛手，于莲花开处绽放
出一只如花的佛手，构思奇妙。

文牧江1997年作

曲绍平：以手开悟

佛手充满禅意，或拈花一笑，或手指轻摇，每一个细微的动作，都指向心灵，抵达慧根。曲绍平的佛手系列藏书票仅取一只手作为构图的主体，藏书票的拉丁文标志如花瓣又如音符，错落有致，通过手的柔曼变化，给人以悟性的开启。

◆ 绍平珍藏（一）　　　　　　◆ 绍平珍藏（二）

曲绍平1998年作　　　　　　　曲绍平1998年作

王金旭：别有一番金石味

　　王金旭的石刻佛像线条并未追求陈玉其的木刻线条之灵秀，然而，其古拙的金石味却另有一番韵味。

　　《丁汀藏书》撷取人物的脸部作为特写，用简洁的线条表现五官，用细密的线条表现人物的头饰和项链等饰品及背景，简中有繁，繁中见简，线条准确而流畅，较好地展现了佛像的端庄和仁慈。

　　《林祖恩珍藏》构图采用秦砖汉瓦中的瓦当造型。图中刻一只展翅飞翔的仙鹤，仙鹤是长寿的象征，故而上面写"延年"二字，寓意吉祥。砖刻技法刻印出瓦当拓印的斑驳感，凸显浓厚的历史文化底蕴。

◆ **丁汀藏书**　　　　　　　　◆ **林祖恩珍藏**

王金旭2001年作　　　　　　　王金旭1999年作

王颂：目之间

　　王颂的两张木版女子肖像采取照相凹版的技法，达到石刻艺术的效果。女子眉眼间会意的微笑，雍容大度，端庄典雅，具有东方古代艺术的魅力。

◆ **石慧藏书**　　　　　　　◆ **曲静爱书**

王颂1999年作　　　　　　　王颂1999年作

郝伯义：古雅沉郁

郝伯义表现古代文物的藏书票，线条细致，古雅沉郁，富有想象力。

《珍宝》藏书票采用黑色和赭色，分别刻画了两件文物珍宝。赭色图类似汉唐铜镜，图案作模糊处理，是为了作为背景衬托并突出主图。主图可能是一件青铜器型，塑造一位头顶鹿角的少女，造型诡谲奇特。画家以精湛的技法，营造出一种高雅而又神秘的气息。

◆ 珍宝

郝伯义1998年作

顾锡田：浑穆厚重之古器

　　顾锡田石刻系列藏书票多取材于历史文化深厚的题材，如古鼎、古瓶、古壶、古炉等，顾锡田的这些石刻、古鼎、古瓷瓶浑穆厚重，有斑驳的历史感和深厚的文化意蕴，形成了他独特的古器文物书票系列。

　　斑驳的底纹如沉重的夜色，如历史浩渺的时空，衬托出古代青铜器和瓷器的雄浑雅致，顾锡田的石刻藏书票有幽深的历史感，观之犹如在时光通道中疾驰。

◆ 静斋藏书（一）　　　　◆ 静斋藏书（二）

顾锡田1995年作　　　　　　顾锡田1995年作

◆ 春秋青铜

顾锡田1995年作

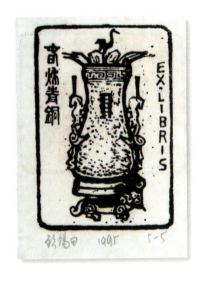

◆ **读书乐**

顾锡田1992年作

于洁夫：谐趣横生的瓷瓶

　　歪脖子老瓷瓶上插上几株树枝，赋予老物以新生。一双眼睛在瓷瓶两边眨巴着，瓷瓶的图案富有深意。于洁夫的《洁夫的书》藏书票谐趣横生。

◆ **洁夫的书**

于洁夫1999年作

张长利：牛虎铜案

"长利藏书"系列藏书票两张，同版不同色，一为银色，一为金色，分别印制于1997年和1999年。

该套藏书票取材于云南国宝级文物"牛虎铜案"，该国宝于1972年在江川县李家山古墓群遗址第24号墓坑中被发掘出来，是古代祭祀时用于置放祭品的器物。

"长利藏书"系列藏书票真实而准确地表现了由一虎二牛组成的铜案，案主体为一立牛，四蹄做案足，前后腿间有横梁相连，椭圆形盘口状牛背为案面。大牛腹下立一小牛，与大牛呈十字交叉形状。

牛虎铜案中的大牛颈肌丰硕，两巨角前伸，给人以重心前移和摇摇欲坠之感，但其尾端的老虎后仰，其后坠力使案身恢复了平衡。大牛腹下横置的小牛，增强了案身的稳定感。

著名物理学家钱学森对此物评价极高。他指出，战国时期的这件青铜铸器表明当时的科学，特别是力学知识水平已十分高超，铜案用后尾的虎与硕大的牛头构成了平衡，而腹下的小牛又降低了铜案的重心，真是妙不可言。

◆ 长利藏书（一）　　　　　　◆ 长利藏书（二）

张长利1997年作　　　　　　张长利1999年作

汤洪泉：陶俑之味

汤洪泉于1997年创作的这组藏书票取材于古代文物，似杂技和杂耍陶俑，似灯盏实用雕塑，汤洪泉采用腐蚀版凹版技法、渐变色过渡，使这套藏书票富有斑驳的历史感。

◆ **洪展藏书**

汤洪泉1997年作

◆ 汤家洪泉藏书

汤洪泉1997年作

◆ **赵燕藏书**

汤洪泉1997年作

杨金生：线条繁复

杨金生于1998年创作的这两张黑白木刻藏书票，一张表现古代文物青铜器，一张表现汉画像石图案，线条繁复，内容丰富。

◆ 虎年大千珍藏　　　　　　　　◆ 演石坊珍藏

杨金生1998年作　　　　　　　　杨金生1998年作

吕仲寰：构图考究

　　吕仲寰采用木版套色创作的两张藏书票，一张表现远古征战，有岩画和汉画像石的风格；一张取材自两汉三国时期的玉器佩饰造型，均衡对应，构图考究。

◆ 远古战争　　　　　　　　　　　　◆ 清华珍藏

吕仲寰1995年作　　　　　　　　　　吕仲寰1998年作

廖有楷：远古岩画

廖有楷的藏书票有一种苍茫的美，这在他表现远古岩画的藏书票中，更显雄浑和古朴。

这两张"远古"系列藏书票，我们也可以将其归入抽象艺术。廖有楷创作的具有油画效果的藏书票充满了现代的禅意，有时我们可以将他的冷色看成风景或劳作，将他的暖色看成是儿童的鬼脸，想象之权在于观者。

◆ 远古（一）   ◆ 远古（二）

廖有楷1998年作   廖有楷1998年作

 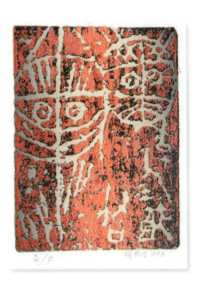

龙贵阳：玉璜

璜的本意是指半璧形的玉，其主要用途有礼器和配饰两种。良渚文化文物中就有玉璜。龙贵阳的这张《玉璜》藏书票，不仅准确刻画了璜的形状，还表现了加工璜的工具。

龙贵阳1998年作

周富德：矛与盾

　　中国文化史上有一个著名的矛与盾的寓言故事，所谓"以子之矛攻子之盾"。周富德的这张藏书票表现的就是这样一个人们耳熟能详的故事。

　　矛与盾以黑色表现，背景深浅咖啡色的装饰纹，呈现虎豹斗、双鸡斗、双犬斗，以动物寓人类，人类发展史就是一部矛与盾的斗争史。小小藏书票，意蕴丰富。

◆ 矛与盾

周富德1996年作

邵卫：端庄佛首

邵卫创作的这张佛首藏书票，取材自古代佛教石窟艺术，黑白单色木版印制，表现了佛像的端庄慈祥、雍容大气。

邵卫2008年作

神荼、郁垒是中国早期门神中的著名武门神。据《山海经》记载，很多年以前，在东海有座古老的度朔山，山上百鬼出没。神荼、郁垒两兄弟神通广大，善于降鬼，每年岁末站在度朔山一株大树下检阅百鬼，见有害人的凶鬼，就用一种特殊的、无法挣脱的"苇绳"将它捆起来，扔给专吃恶鬼的神虎充饥，为民除害。邵卫创作的《神荼》《郁垒》藏书票，表现了他们佩剑立锤，守门护宅的英姿。

◆ 神荼　　　　　　　　　　　　　◆ 郁垒

邵卫2008年作　　　　　　　　　邵卫2008年作

陈会中：线条纤细繁密

　　世纪之交，陈会中创作了一些夸张变形的富有现代性的藏书票，而这张以佛像为题材的藏书票则运用了写实的绘画风格，线条纤细繁密，一丝不乱，体现了陈会中娴熟的绘画技巧和铜版画技法。

◆ 会中藏书

陈会中2001年作

蒋振华：石洞就是天地

　　不规则的圆圈，或是一块石头，或是一个石洞，佛在
石洞中。石洞不是囚笼，而是修炼的天地。有佛在其中，
石洞就是天地。

蒋振华1998年作

张志有：刀法强悍有力

　　张志有的《志有书屋》藏书票票幅不大，但线条粗壮

泼辣，刀法强悍有力，富有金石味。

◆ **志有书屋**

张志有1998年作

黄永勇：门的装饰

　　黄永勇于1998年创作的《辰龙斋藏》藏书票，取材于中国古建筑的门面，四扇门都是带有装饰的传统木门结构，墙砖层层叠叠，砖雕石雕装饰井然有序。整个画面都是密密麻麻的长短线条，但密而不乱，有条不紊，画面对应平衡，符合中国传统构图规律，富有特色。

◆ 辰龙斋藏

黄永勇1998年作

　　黄永勇创作的《钟馗除邪　永勇家藏》藏书票取材于古代传说。传说唐明皇睡梦中见一小鬼偷了杨贵妃的紫香囊和他的玉笛，绕殿而奔，大鬼捉住小鬼后，把他吃了。大鬼相貌奇丑无比，头戴破纱帽，身穿蓝袍，腰系角带，足踏朝靴，自称是终南山落第进士钟馗，因科举不中，撞死于阶前。钟馗对唐明皇说："誓与陛下除尽天下之妖孽。"

　　唐明皇染病，病愈后下诏画师吴道子，吴道子按照唐明皇梦境，挥笔而成《钟馗捉鬼图》。之所以挥笔而就，据说吴道子也做了个同样的梦，所以"恍若有睹"，因而一蹴而就。《钟馗捉鬼图》传入民间，各地年画艺人纷纷绘刻，畅行天下，成为著名门神。黄永勇创作的《钟馗除邪　永勇家藏》借鉴了门神钟馗的形象。

◆ 钟馗除邪　永勇家藏

温洪声：原始气息　物象纷呈

　　《三味书屋》藏书票采用两色刻印，物象纷呈：弯弓射雕，打猎捕鱼，收获庄稼。艺术风格仿佛汉画像石或画像砖，又如远古岩画，先民原始生活气息扑面而来。

温洪声1998年作

熊琦：驾车而行

　　单色木刻古人驾车出行图，画面简括单纯，没有任何背景处理，只有一个坐车人，一个驾车人，一个跟随车轮奔跑的侍卫，一匹扬蹄奔跑的骏马，熊琦在《熊琦的书》藏书票中将骏马奔驰的动感和人物神态都刻画得生动传神。

熊琦1995年作

林少华：劳作的身姿

单色的简单画面中，人物劳作的身姿、专注的神情都被作者刻画得栩栩如生。

◆ 劳作

林少华1996年作

张文荣：黄粱一梦

《文荣藏书》藏书票刻画了一位古代读书人在灯下酣睡的场景。张文荣巧妙处理，将油灯袅袅上升的青烟设计成为藏书票拉丁文字母。

卧睡的士子一定是一位勤奋的读书人，在阅读中不知不觉睡去。作者对勤奋的读书人是肯定的，也许主题是黄粱一梦，也许只是庄生梦蝶。

张文荣1999年作

吴若光：炎帝发明农具

　　《吴若光藏书》藏书票描绘了炎帝发明农具，双手握器掘地的场景。炎帝被尊为神农大帝，相传炎帝牛首人身，他发明刀耕火种，创造了两种翻土农具，教民垦荒种植粮食作物。该炎帝形象源自山东嘉祥汉画像石拓片，背景是炎帝陵大门。

◆ **吴若光藏书**

吴若光1999年作

顾柄枢：甲骨文

《林薇藏书》藏书票画面取材于甲骨文，刻画了三片甲骨文代表性文物，中间刻写"林薇藏书"和藏书票拉丁文，布局合理，构图别具匠心。

◆ **林薇藏书**

顾柄枢2002年作

沈泓：汉代瓦当图案

2011年至2012年，沈泓刻印过一组瓦当系列藏书票，共20多张，这里选取其中五张，皆取材于汉代瓦当图案，有马车出行图、树下骏马图、梅花鹿图、四灵白虎图、建鼓图等，还有借鉴汉代文字瓦当形式的图案，作者采用木刻技法，规制统一，追求古色古香的艺术效果。

◆ 沈泓藏书（一）　　　　◆ 沈泓藏书（二）

沈泓2012年作　　　　　　沈泓2012年作

◆ **沈泓藏书（三）**　　　　　　◆ **沈泓藏书（四）**

沈泓2012年作　　　　　　　　　沈泓2012年作

◆ 沈泓藏书（五）

沈泓2012年作

李山楼：大肚能容天下事

　　《山楼藏书》藏书票采取木版阴刻手法，刻画了"大
肚能容天下事"的弥勒佛形象，观之令人舒坦解忧。

李山楼1998年作

　　李山楼的"寿星"是写意，采取的是阴刻手法，在两侧的黑色背景之间，面带微笑的寿星手持龙杖，从光明中款款走来。

◆ 林林藏书

李山楼作

卢柏文：瓷瓶之魅

　　《柏文藏书》藏书票构图讲究，对称均衡，上下左右纹饰和文字相互呼应，中间瓷瓶端庄大气，上面英文单词"china"，为瓷器义。瓷器主图雅致。卢柏文因喜欢而收藏藏书票，因收藏而创作藏书票。这是他初学藏书票创作时的习作，出手不凡。

◆ 柏文藏书

邹中生：壶与杯

茶壶是中国茶文化的载体。《茶 中生存藏》藏书票的主题是中国的茶文化。在蓝色的背景下，一把茶壶，四只茶杯，显得清雅脱俗。作品的线条表达富有现代感。

◆ 茶中生存藏

邹中生1999年作

周新如：瓦当铜镜图案

　　这三张藏书票都采用汉代瓦当或铜镜的传统图案构图。其中《毓琳爱书》采用全瓦当构图，图中飞鸟为凤。凤是中国古代的图腾之一，古人常用其象征民族精神的复活。周新如创作的凤独具面貌，充满蓬勃的生机和活力。《周洁书斋》采用半瓦当构图，图中刻有植物、动物和人类。《周舟珍藏》借鉴古代铜镜构图，刻双鱼图。

　　这组藏书票均采用单色木刻，线条刚健有力，苍古凝重。繁写的宋体字，增添了古雅韵味，且成为整个构图的一部分。

◆ **毓琳爱书**

周新如作

◆ 周洁书斋

周新如作

◆ **周舟珍藏**

周新如作

洪凯：威震邪魅的财神

这是洪凯为无锡藏书票收藏家和藏书票作者陈虹设计创作的一张藏书票，图案中的人物是财神赵公明。赵公明是传统年画中常见的门神，一手执铁鞭、一手持金元宝是他的形象标志。他坐骑黑虎，又被称为"黑虎玄坛"，传说能驱雷役电，除瘟禳灾，主持公道，求财如意。

赵公明与燃灯道人在年画中往往成双成对出现，为一对门神；同时，赵公明也常常单独出现，作为财神供奉。单幅时可做单扇门的门画，亦可作为中堂年画。

洪凯创作的这张藏书票刻画的是赵公明的典型形象。赵公明头戴铁冠，一手举铁鞭，一手持元宝，黑面浓须，全副戎装，面目狰狞，其威震邪魅的形象，是中国传统文化中的代表性形象之一。

赵公明人物的下面波涛汹涌，一人驾驶小舟在浪尖上搏击，是航海人、打鱼人，还是弄潮儿？小舟和驾舟人十分微小，以舟之渺小，对应天地之浩瀚；以人之渺小对应时空之悠悠、沧海之无垠，凸显神像之雄巨。

这张藏书票融文化的张力和艺术张力于一体。

《陆永寿藏书》藏书票是洪凯为上海收藏家陆永寿而作，图案以大象文物艺术品为构图，切合收藏家的身份。

◆ 陈虹藏书 ◆ 陆永寿藏书

洪凯2012年作 洪凯2011年作

杨永智：虚构的藏书司

　　《痴儿的书》是一张杂糅佛道文化的藏书票，主体形象是天官或财神，如是财神，手持条幅通常写的是"恭喜发财"；如是天官，手持条幅通常是"天官赐福"。这里杨永智将其替换为藏书票拉丁文，中西合璧，可谓是巧安排。

　　天官通常是站着的，作者安排他骑在狮子身上，这是未曾见过的将佛道杂糅的画面，但这种无中生有的安排，在这张藏书票中似乎并不突兀，显示出作者兼容并包的开阔胸襟。

　　藏书票上的文字"藏书司"是杨永智想象的创造，历史上并无"藏书司"这一机构；还有"痴儿的书"四个魏碑体反白大字，艺术气息浓郁，这两处文字使这张藏书票富有诙谐幽默的趣致。摇头摆尾的笑脸狮子和红底色彩，更为这张藏书票增添了活泼欢快的喜庆色彩。

◆ 痴儿的书

杨永智1998年作

何戚明：仙气氤氲

何戚明刻画的古人骑动物图仙气氤氲，有寓言的意
味，表现出独到的艺术境界。

◆ 赵公明骑黑虎　　　　　　◆ 庄子·北冥有鱼

何戚明1999年作　　　　　　何戚明1999年作

图书在版编目（CIP）数据

多少楼台烟雨中：古典雅韵 / 沈泓著 . — 天津：
天津教育出版社，2024.6
（书中蝴蝶：中国当代藏书票）
ISBN 978-7-5309-9040-7

Ⅰ.①多… Ⅱ.①沈… Ⅲ.①藏书票 – 中国 – 图集
Ⅳ.① G262.2-64

中国国家版本馆 CIP 数据核字 (2024) 第 089276 号

书中蝴蝶：中国当代藏书票
多少楼台烟雨中：古典雅韵
SHUZHONG HUDIE ZHONGGUO DANGDAI CANGSHUPIAO
DUOSHAO LOUTAI YANYUZHONG GUDIAN YAYUN

出 版 人	黄 沛 丁 鹏	
作 者	沈 泓	
选题策划	王轶冰	
特约策划	丁 鹏	
项目执行	常 浩	
装帧设计	杨 晋	
责任编辑	张文萱 张 清	
出版发行	天津出版传媒集团	金城出版社有限公司
	天津教育出版社	
地 址	天津市和平区西康路 35 号	北京市朝阳区利泽东二路 3 号
邮政编码	300051	100102
经 销	新华书店	
印 刷	鑫艺佳利（天津）印刷有限公司	
版 次	2024 年 6 月第 1 版	
印 次	2024 年 6 月第 1 次印刷	
规 格	787 毫米 ×1092 毫米 1/32 开	
字 数	180 千字	
印 张	10.5	
定 价	88.00 元